Stefan Schwarz

IST DER IMMER SO?

Geschichten aus dem leeren Nest

KURZNACHZEHN

Das Buch versammelt Kolumnen
aus der Zeitschrift DAS MAGAZIN sowie Kurzgeschichten
aus Brigitte Woman und Séparée,
veröffentlicht zwischen 2020 und 2023.

1. Auflage, September 2023
© Kurznachzehn Verlag GmbH, Berlin
Alle Rechte vorbehalten

Titelillustration: Jan Steins
Umschlag- und Innengestaltung: Till Kaposty-Bliss

Druck und Bindung: books factory, Szczecin

ISBN: 978-3-00-076394-6

ZUERST

Mein Name ist Stefan Schwarz. Ich bin jetzt achtundfünfzig Jahre alt und immer noch so fit, dass ich eine Hundertfünfzigkilo-Langhantel mit einem Ruck überspringen kann.

Ich nehme jede Tag sieben verschiedene Nahrungsergänzungsmittel ein, die verjüngende Wirkung haben. Meine Frau sagt, äußerlich würde man noch nicht viel sehen, aber innen müsse schon viel passiert sein, denn meine Ansichten seien mittlerweile wieder die eines Zwölfjährigen.

Ich lebe in Leipzig und das schon so lange, dass ich erstmal an Sachsen denke, wenn ich das Wort »Angriffsachsen« lese.

Meine Tochter studiert Linguistik und hat mir auf die Frage, wie es so läuft, geantwortet, dass sie sich gerade mit der hierarchischen Struktur der Einbettung von Präpositionalphrasen in Nominalphrasen, die aber wiederum Präpositionalphrasen sind, beschäftigt, und da habe ich genickt, obwohl das gelogen war. Ich hätte auch gerne schon Enkel, aber ich weiß von Freunden, dass man dann keine Wochenenden mehr frei hat.

IN DIESEM BUCH

Das Leben ist eine Fahrschule

Ich habe die Hölle zu tun, aber die Trollprinzessin schmeißt die Tür des Kühlschranks zu, als sei das ihr letzter Versuch bei den Weltmeisterschaften im Kühlschranktürzuwerfen. Die Tochter reißt auch die Schublade des Küchenbords auf, dass die Bestecke rasseln. Sie wirft einen Teller auf den Tisch, dass er scheppert und kreiselt. Keine Frage: Das Kind ist emotional aus dem Lot und muss jetzt sofort was essen. Das Kind macht Fahrschule.

Fahrschule unterscheidet sich von Schule dadurch, dass der Lehrer hier nicht irgendwo weit vor einem steht und irgendwas umsonst erklärt, sondern mit Zwiebelmettwurstgeruch im Schnauzer direkt neben einem sitzt und mit feinem Ätzton »Haben wir nicht was vergessen?« und »Wie wäre es denn mal mit einem Schulterblick?« fragt und dafür fünfzig Euro pro Stunde bekommt. Es ist, wenn man so will, der erste Kontakt eines jungen Menschen mit der wirklichen Welt da draußen, wo man seine Motivation selber mitbringen muss. Noch nie hat ein Fahrschullehrergremium zusammengesessen und erörtert, wie man besonders begriffsstutzige Adepten in Fördermaßnahmen oder mit einem extra Betreuungsfahrlehrer durch die Prüfung geschmust bekommt. Nein, hier heisst es: »Du willst doch was von mir!«

Das Leben ist kein Ponyhof, sondern eine Fahrschule. Andererseits finde ich es aber nicht in Ordnung, die Tochter so heruntergewirtschaftet zurückzubekommen. Ich habe sie der Fahrschule in emotional einwandfreiem Zustand übergeben und bekomme sie seelisch völlig ruiniert zurück. Ich muss sie jetzt wiederherstellen, Hand auflegen, beim Tee Verständnis zeigen, einordnen, ermutigen, Zuversicht spenden, wieder Verständnis zeigen, aber auch Lebensläufe von Fahrlehrern veranschaulichen, die Brüche und Umstände benennen, die dazu führen, dass man Fahrlehrer wird.

»Niemand wird als Fahrlehrer geboren«, werde ich sagen, »man wird zum Fahrlehrer gemacht. Durch die Gesellschaft. In jedem Fahrlehrer steckt immer auch ein stummer Schrei nach Feierabend!« Und so weiter. Aber auch meine Stunde kostet. Ich finde, dass Fahrschulen hier über Gebühr externalisieren. Wenn eine Chemiefabrik einen kommunalen Bach vergiftet, kriegt sie Ärger mit dem Umweltschutz. Aber wo sind die Gesetze, die verhindern, dass Fahrschulen das Familienklima vergiften? Freilich entstehen in Fahrstunden unvermeidlich seelische Dellen, wenn zum Beispiel der Fahrlehrer den Fahrschüler »Kupplung LANGSAM kommen lassen, habe ich gesagt!« anschreit, während hinter dem Fahrzeug Passanten aus dem Regenschauer des umgefahrenen Hydranten flüchten.

Aber hier sollte dann nach der Fahrstunde der Schüler wieder zurechtgetröstet werden. Eine Umarmung aus herzlichen Schweißachseln, ein Zwiebelmettwurst-Kuss auf die Stirn – und schon möchte kein Fahrschüler länger aufgemuntert werden. Das ist wichtig, denn im heimischen Milieu kommt es ja regelmäßig zum Übertrösten. Anstatt im Kind mit einem knappen »Kopf hoch! Leben geht weiter!« Resilienz aufzubauen, sitzen Eltern ja noch stundenlang mit in der Küche, spendieren dem Kind ein Schoko-Eis aus dem beinah von ihm zerstörten Kühlschrank und beseufzen mit ihm am Ende noch alle nur beklagbaren Gemeinheiten, wie damals, als Eva einmal nicht zurückgerufen hat und wie genauso doof es war, als Clara … Bis die Frau am Abend nach

Hause kommt und schon beim ersten Blick in die Küche, wo wir beide vor Chips, Nüssen und Eierlikör sitzen, sagt: »Oh mein Gott, war heute Fahrschule?«

Stefan Schwarz @schwarzseher

Hab den Kindern gerade erzählt, wie ich mal von einem Zehnmeterbrett gesprungen bin. (Kann aber auch elf oder zwölf Meter lang gewesen sein, wie es da im Hof lag.)

Der Mann ohne Termine

Springen Sie mal an einem frischen Morgen in einen See oder einen Bach, tauchen Sie bis zum Hals unter und versuchen Sie dabei, richtig traurig zu sein! Geht nicht? Ja, dann wissen Sie, warum ich so gut gelaunt bin. Ich dusche morgens kalt. Es braucht ein bisschen Mumm und gerade bei der Oberkörperdusche mache ich hin und wieder Atemgeräusche wie bei einem unsachgemäß ausgeführten Blowjob, aber danach bin ich munter und vergnügt. So munter und vergnügt, dass meine schlafwuschelig in die Küche schlurfenden Frauen »Bitte, noch nicht!« stöhnen, wenn ich ihnen sofort politisch Kontroverses aus der Zeitung vorlesen will.

Und doch bekam ich unlängst die Schwermut. Ich saß nämlich vor dem Computer und stellte fest, dass ich in den nächsten vier Wochen keine Termine haben würde. Das Festland der festen Verabredungen lag hinter mir, und vor mir dehnte sich der Sumpf der ungeteilten Zeit. Aber ein Mensch ohne Termine ist wie ein Harry Potter ohne Hermine!

Ich überlegte, ob ich mich mit einem Schild an die Ecke setzen und die von Termin zu Termin Vorübereilenden um einen der ihren anbetteln sollte. Es musste ja nicht unbedingt ein wichtiger Vorstellungstermin sein (»Wo sehen Sie sich in fünf Jahren? – Genau da, wo Sie jetzt sitzen!«), ich war so verzweifelt terminlos, dass ich mich auch mit einem fiebrigen Kleinkind vier Stunden in ein Wartezimmer voller Mittelohrentzündungen gesetzt hätte.

Warum hatte ich diesen bekloppten Beruf des Schriftstellers gewählt, wo der nächste wirklich fixe Termin der Renteneintritt ist? In diesem Zustand traf mich der Kronsohn an, der seine getrocknete Wäsche abholen wollte. Ich lag mit der Stirn auf dem Schreibtisch und gab Schimpansenlaute von mir.

Mein Sohn fragte vorsichtig, ob es mit ihm zu tun hätte, immerhin kommen ja ab und zu noch Mahn- und Inkassobriefe für ihn an diese Adresse, aber nachdem ich heulte, mein Leben sei einziger trister Hausarrest und ohne Sinn und Ziel, lebte er sichtlich auf. Er streichelte mir durchs Haar und sagte: »Kopf hoch, Vater! Alle lieben dich! Gerade, weil du so selten unter Menschen bist! So werden sie deiner nie überdrüssig! Und deine Kinder wissen, dass sie dich immer unter der billigen Festnetznummer erreichen! Auch deine Frau freut sich, weil immer eingekauft ist.«

Für den Kronsohn klang das wirklich nett und einfühlsam.

Da ging mir plötzlich auf, was ich falsch gemacht hatte in seiner Erziehung. Ich war zu gut gelaunt, weil zu kalt geduscht gewesen. Ich war einfach nicht mies genug drauf, um meinem Sohn Warmherzigkeiten zu entlocken. Es muss ja nicht immer gleich Alkoholismus sein, aber hin und wieder sollten Eltern mal ratlos sein, verzweifelt und traurig, damit sie von ihren Kindern getröstet werden können.

So habe ich zum Beispiel einen guten Teil meines Humors beim Versuch erworben, meine traurige Mutter aufzumuntern. Ich war darin bald so gut, dass ich es von mir aus unternahm, sie erstmal traurig zu machen, damit ich sie wieder aufmuntern konnte. Was ich nicht wusste, war, dass meine Mutter nur deswegen »ganz doll traurig« über meine Fünf in Mathe war, damit ich mich mehr anstrenge in der Schule. Das war emotionale Erpressung, aber ich – der Helmut Schmidt unter den Kindern – habe ihr nie nachgegeben!

Psychologisch gesehen spielte meine Mutter die Kugel meiner kindlichen Seele über Bande, aber traf dabei leider ins falsche Loch. So wurde ich immer schlechter in der Schule, meine Mutter immer trauriger, und ich immer witziger! Und vielleicht wird aus meinem Sohn auch noch etwas werden, wenn ich nur endlich etwas warmgeduschter und weinerlicher bin.

Stefan Schwarz @schwarzseher

Wer schneller friert, ist eher damit fertig

In der Straße, mein Schatz, die du umbenennst ...

Meine Straße heißt nach einem vormals leidlich bekannten, nun aber doch vergessenen Historiker und Sprachgelehrten, der ein »Practisches Handbuch zur statarischen (will heißen ›gemächlichen‹) und kursorischen Lektüre der teutschen Klassiker« und eine »Weltgeschichte für gebildete Leser« geschrieben hat, also eine Art Dietrich Schwanitz seiner Zeit, der dem aufstrebenden Bürgertum allerlei Konversationswissen in wohlfeilen Bissen servierte. Algerien und Tunesien zählte er zu den »Raubstaaten« und vom Süden Afrikas wusste er, dass dort die »rohen Hottentotten« wohnen.

Mittlerweile lebt ein zartes Geschöpf vom Stamme der »Hottentotten« in meinem Haus, das auch den geringsten Anflug von Rohheit vermissen lässt, das Piano spielt und mit seinem strahlenden Lächeln den »teutschen Universalhistoriker« sicher zu einem weniger kursorischen Urteil animiert hätte. Vielleicht hätte er, ihrer ansichtig geworden, eilends den Federkiel ins Tintenfass getunkt und »Die Hottentotten-Jungfer ist von betörendem Liebreiz« geschrieben, aber da er keine kannte, blieb er roh und gemein im Urteil. Ich verstünde es daher, wenn das Herero-Mädchen aus meinem Haus unsere Straße umbenennen würde wollen. Aber, wie ich sie kenne, ist sie zu klug und zu vornehm für so was.

»Straßenumbenennungen hält der Hottentotte für unter seiner Würde«, hätte der Namenspatron meiner Straße unweigerlich nach einem kurzen Gespräch mit ihr notiert. Dann wiederum hätte das nette Herero-Mädchen eingewandt, dass es aber nur für sich sprechen könne, worauf der Namenspatron sofort eifrig »Der Hottentotte verschmäht jede Verallgemeinerung« auf sein Papier gekratzt hätte. Meine in Afrika gebürtige Hausgenossin würde nun seufzen, mit den Augen rollen und denken: »Na ja, wenigstens hört er aufmerksam zu und schreibt fleißig mit!« Und das ist es doch, woran wir per Straßennamen erinnert werden und woran wir Freude haben wollen. Nicht, dass einer Karl Heinrich Ludwig hieß und vom Hottentotten schrieb, sondern dass er eine Tugend repräsentierte.

Warum also nicht unsere Straße gleich in »Straße des aufmerksamen Zuhörens« umbenennen? Oder »Straße des fleißigen Mitschreibens«? In dem Dorf, in dem ich als Kind meine Ferien verbrachte, gab es eine »Straße der Freundschaft«. Ursprünglich hatte man die Absicht gehabt, die Straße nach einem ortsansässigen Widerstandskämpfer zu benennen. Aber es gab keinen. Egal, ob Kaiserreich, Republik oder Diktatur. Die Dörfler waren immer dafür. Deswegen verständigte man sich etwas verlegen auf Freundschaft. Freundschaft fetzt. Freundschaft siegt. Gestern, heute, morgen. In besonderer Rücksicht auf die Macht der Sprache könnte man Straßen aber nicht nur nach allgemein löblichen Tugenden benennen, sondern auch nach konkret wichtigen Lebenstechniken. Eine »Straße der umgehend bezahlten Rechnungen« zum Beispiel. Oder »Straße, in der man sich älteren Damen unaufgefordert mit Vor- und Zuname vorstellt«. Ich denke, dass Rotzbuben, die ständig in der Schule, bei der Post oder beim Onkel Doktor diesen Straßennamen als ihre Adresse aufsagen müssen, sich auch später jeder älteren Dame artig vorstellen täten, selbst, wenn sie ihr danach die Handtasche klauen würden.

Würde das nicht auch die Frage beantworten, die der Namenspatron meiner Straße im Jahre 1795, kaum dass die Guillotinen der jakobinischen Tugendterroristen ruhten, in einem Aufsatz stellte: »Sind wir berechtigt, eine größere künftige Aufklärung und höhere Reife unseres Geschlechts zu erwarten?« Wir sind. Wenigstens berechtigt.

Stefan Schwarz @schwarzseher

Es ist oft nicht einfach, in einfachen Verhältnissen aufzuwachsen.

Ungeschickt umgeknickt

Ich bin nicht unsere Katze, möge sie zu Gottes wohlriechenden Füßen schlafen, die ja schon an die Tür lief, sobald meine Frau auch nur in unsere Straße einbog, aber eine gewisse verfeinerte Wahrnehmung fremder Treppenschritte habe ich mittlerweile auch. Ich kann hören, ob die Nachbarin heute Komplimente auf Arbeit bekam oder ob ihr Sohn mit seinen Kumpels Substanzen inhalierte, die das nächtliche Übersteigen von Stufen langwieriger und insgesamt komplizierter machen. Und natürlich kenne ich auch den Sturmschritt meines Sohnes und das Stapfen meiner Tochter.

Doch diesmal war ihr Stapfen außer Takt. Mühsam schloss sie die Wohnungstür auf und hörbar unrund kam sie herein. Ich eilte in den Flur und sah sofort die Bescherung. »Ich bin umgeknickt«, erklärte die Trollprinzessin. »Natürlich«, sagte ich mit Blick auf ihren dicken Fuß, »das musste ja so kommen. Diese Klumpenschuhe mit den Zentimetersohlen, die ihr jungen Mädchen heutzutage anzieht, da kann man ja drauf warten. Dass du nicht schon eher umgeknickt bist, ist ein reines Wunder. Es gibt so schöne bequeme Damenschuhe, die auch sehr fraulich aussehen. Na gut, es ist passiert. Setz dich mal auf die Couch, ich hole dir ein Eispack und nachher mache ich dir noch Salbe drauf. Leg das Bein schön hoch und soll ich dir einen Film anmachen?«

Die Tochter aber ruckelte sich den Schuh vom Fuss und sagte grimmig: »Genau deswegen will ich ausziehen. So bald! Als! Möglich!« »Ö!«, sagte ich reflexhaft empört, aber die Trollprinzessin klagte nur: »Oder wie fändest du es, wenn du noch bei deinen Eltern wohnen müsstest?« Kaum, dass sie umgeknickt sei, hätte sie schon so einen Hals bekommen, und zwar noch bevor ihr Fuß angeschwollen sei, weil sie sofort gewusst habe, was ich sagen würde und in welcher Reihenfolge. »Nichts kann man hier mit sich allein ausmachen! Ich bin neunzehn!« Sie hatte so recht, dass ich rot wurde.

An Jugendmode herummeckern ist das Allerletzte. Eine eigene Form von Demenz. Unsereiner latschte schließlich in den Siebzigerjahren in Clogs herum, die schon umknickten, wenn man noch nicht mal richtig drin stand. Von zwanzig Clogs tragenden und nach der Straßenbahn rennenden Schülern meines Jahrgangs erreichten nur etwa die Hälfte die Haltestelle. Der Rest blieb irgendwo jammernd liegen. Aber keiner schrie nach Mutti.

»Ich kann nicht anders«, entschuldigte ich mich. »Dich humpeln und jammern zu hören und nichts zu tun, bloß, weil du neunzehn bist und allein klarkommst, das vermag ich nicht. Ich bin schon über mich hinausgewachsen, als ich letztens deinen Freund ganz bewusst und total ruhig bleibend nicht die Treppe runterschubste und vermöbelte, als er dich eine Stunde warten ließ.« »Ach, Paps!«, seufzte die Trollprinzessin, und ich zwang mich wieder ins Arbeitszimmer, natürlich nicht ohne vorher zu sagen, wo die Salbe liegt und dass ein walnussgroßes Stück zum Verschmieren ausreicht.

Als wir am Abend beim gleichnamigen Brot saßen, erkundigte sich meine Frau erwartungsgemäß bei unserer Tochter, wie denn ihr Tag gewesen sei, aber die Trollprinzessin erklärte, sie habe heute absichtlich nichts erlebt, damit sie uns nichts erzählen müsse, denn alles, was man seinen Eltern erzähle, werde sogleich oll und muffig. Erhob sich und verschwand.

»Die muss raus!«, sagte meine Frau. »Eigene Wohnung! Aber zügig!« Ich ergänzte: »Aber eine mit Ofenheizung und Kaltwasser! Damit sie bitter ihr warmes Nest vermisst.« Aber mein Weib schüttelte resigniert den Kopf. »Mit neunzehn ist alles besser als bei den Eltern!«

Rauchende Köpfe

»Wir haben mittlerweile dreißig Minuten Verspätung«, sagt der Zugbegleiter kurz vor Fulda. Schön, dass er sich mit uns solidarisiert. Immerhin ist er ja der Einzige, der nicht Zug fährt, um pünktlich irgendwo anzukommen, sondern, weil es sein Arbeitsplatz ist. Ehrlicherweise müsste er sagen: Leute, ihr habt mittlerweile dreißig Minuten Verspätung!

Vor mir stöhnt ein junger Mann, der schon seine Tabakstüte rausgekramt hatte. Dass man demnächst einen Bahnhof erreicht, kann man leicht daran erkennen, dass ein junger Sauerkrautbart anfängt, sein Nikotintütchen zu kleben. An jedem Halt springen diese Schnellraucher aus dem Schnellzug, um schnell ein paar Züge auf die Lunge zu ziehen. Dabei ist nicht mal die Dauer des Halts entscheidend für den Raucher, sondern allein die Tatsache, dass die Türen geöffnet werden. Der Lokführer könnte auch inmitten einer über die Bahngleise rammelnden Kuhherde halten; im Falle, dass sich die Türen öffnen ließen, würden Raucher sofort raus auf die Kühe treten, um auf deren schwankenden Rücken ein paar Züge zu inhalieren.

Das omnipräsente Rauchverbot hat aus Rauchern Getriebene und Gehetzte gemacht. Ein herrischer Genusszwang herrscht über die Freunde des Tabaks. Inmitten einer totalitären Nichtrauchergesellschaft auch nur eine einzige Gelegenheit zum Rauchen ungenutzt und ungenossen verstreichen zu lassen, kann sich der Raucher nicht leisten. Dabei ist doch gerade die Langsamkeit der eigentliche Sinn des Rauchens! Rauch eilt nicht, er verteilt sich. Gemächlich. Gemütlich. Die Gedanken, eben noch wie Roulettekugeln hin und her springend, sammeln sich am tiefsten Punkt des Begreifens.

Alle Kritik an der modernen Debattenkultur geht fehl, wenn sie das Rauchverbot in Fernsehstudios nicht mit einschließt. Rauchverbot ist geradezu Denkverbot. Waren nicht Männer wie Helmut Schmidt eben darum Ikonen der Gelassenheit, weil sie zwischen Denken und Sprechen die besonnene Tätigkeit des Rauchens ausübten? Insbesondere als Pfeifenraucher! Wie sie während des Angriffs des Parlamentariers aus der Opposition am Mundstück pafften, den sanft simmernden Tabak nachstopften, noch ein Wölkchen herausschmatzten und schließlich anhuben, weise abzuweisen, zurechtzuweisen, den Weg zu weisen: »Tja, Herr Kollege, da machen Sie sich die Dinge wohl zu einfach (Schmatz, Paff) ...«

Heute, in der rauchlosen, pfeifenlosen Zeit hingegen wird immer gleich geantwortet. Aber wer immer gleich antwortet, antwortet überhaupt nicht. Er haut nur raus, was er vorbereitet hat.

»Man sollte Ihnen den Tabak wegnehmen«, höre ich mich plötzlich den jungen Brausekopf ansprechen. Er guckt mich entsetzt an, als wäre seine Mutter in mich gefahren, nur, um ihn zu ertappen, wie damals, als sie einmal ohne zu klopfen in sein Zimmer kam, obwohl er schon dreizehn war. »Die Indianer haben doch den Tabak nicht erfunden für die schnelle Friedenspfeife zwischendurch. Ein bisschen Frieden gibt es vielleicht im Schlager, aber nicht beim Rauchen. Warten Sie, bis wir in Frankfurt mit einer Stunde Verspätung alle Anschlüsse verpasst haben und der große Frieden der Vergeblichkeit in uns alle einzieht. Und rauchen Sie dann gelassen wie ein Mann und nicht hastig wie ein Dieb!«

»Indianer sagt man nicht mehr, du Pfeife!«, antwortet der junge Mann ohne nachzudenken. Deswegen, denke ich, sollte man das Rauchen lieber ganz verbieten. Es ist doch eh schon tot.

Stefan Schwarz @schwarzseher

Die Natur erholt sich, nur ich muss wieder arbeiten.

Veränderte Wagenreihung

Vor nicht allzu langer Zeit gab es in der Bahn noch Raucherabteile, weil man Rauchen als eine unbedingt zu gestattende, wenn auch abzusondernde Betätigung ansah. In Bussen und Straßenbahnen, wo Zigaretten und Haarsprayfrisuren schon immer in engerem Kontakt gestanden hatten, war das Rauchen schon früh abgeschafft worden, aber im Personenfernverkehr wollte man es dem Raucher lange nicht zumuten, ein, zwei oder mehr Stunden ohne die erquickliche Einatmung des Tabakrauches zuzubringen. Es war dies ein heute verlorengegangener Respekt vor den Bedürfnissen dieses Lasters. Ja, der starke Raucher betrat seinerzeit das ihm zustehende Abteil mit einer Genugtuung, die fast schon Hochmut zu nennen wäre.

Trinkern blieb dies verwehrt, denn rätselhafterweise richtete man diesem weitaus älteren Laster der Menschen keine speziellen Bahnabteile ein. Trinkerabteile gab und gibt es nicht, obschon ich dies befürworte, da bei einer Mischung von Trinkern und Nichttrinkern die Gefahr für Mitreisende besteht, dass sich nach dem Verzehr von ausreichend Alkohol selbst Inhaber unerheblichster und vorhersehbarster Meinungen der Rede würdig dünken und das ungelenke Wort an andere richten, oft aber leider auch an einen selbst, der man gerade liest oder krampfhaft versucht, sich den Anschein des Lesens zu geben, weil man ja nur in innere Abwesenheit fliehen kann.

So sollten in der Bahn Menschen geschieden werden: nach Sitte und Unsitte. Ein Trinkerwaggon, von mir aus auch ein Kifferwagen, ja und ein Sportabteil sollte bei Zügen, die von Nord nach Süd oder von Ost nach West durch den Tag rollen, selbstverständlich sein. Bahn, denke weiter! Kinderbereiche sind schon recht fein, aber auch Altenabteile können das Reisen aufwerten. Alte unterhalten sich oft nur darüber, wer alles schon tot ist und was alles nicht mehr geht und dass man ja froh sein muss, wenn man überhaupt noch ... Wer einmal das Pech hatte, auf der Reise von Köln nach Berlin inmitten solcher stark überparfümierter Seniorinnen zu sitzen, bekommt schon vom Zuhören Altersflecke.

Ich fühle dies umso mehr, da ich bisweilen eigentlich ganz gerne Anderen zuhöre. Statt irgendwas zu lesen, was mein Sitznachbar mit einem scheelen Seitenblick dann auch lesen kann, wohne ich lieber einer gepflegten Unterhaltung bei. Einer gepflegten Unterhaltung zu lauschen, ist lehrreich, unterhaltsam und bisweilen sogar eine Art Beruferaten. Vor allem, wenn man den Gesprächen von Fachleuten lauscht. Man erfährt Dinge aus erster Hand, Dinge, die sonst nicht in der Zeitung zu lesen sind, sozusagen die ungeschminkte Wahrheit, Dinge aus dem echten Leben. Deswegen suche ich in Zügen oft lange nach einem Platz, in dessen Nähe ein interessantes Gespräch anzuhören sein könnte.

In dem Abteil, das ich an jenem heißen Sommertag betrat, war dies unbedingt zu erwarten. Es saßen nämlich drei Herren in Grün herinnen, Förster allesamt, zwei mittleren Alters und ein junger, die von einer überregionalen Forstwirtschaftstagung zurückreisten in ihre heimischen Forste. Man hatte getagt und Vorträge gehalten, nun saß man noch angeregt beisammen, drei sehr brave Biere standen auf dem Fenstertischchen.

Ich frug nach dem unbesetzten Sitzplatz und siehe, er war frei.

Ungerührt sprach man dann weiter über minderwertige Gehölze.

»Die Birke zehrt an der Lebenskraft des Waldes«, sprach einer, und weil die anderen bedächtig nickten, fuhr dieser fort: »Die Alten nannten sie darum auch ›die Hure des Waldes‹«.

Darauf tranken sie sehr artig aus ihren Bierflaschen. Ich sah glücklich aus dem Fenster, denn in keiner Zeitung, keiner Talkshow wären jemals diese Sätze gesprochen worden. Ich war ganz im Lausch-Rausch.

Gerade als sie auf das Thema Plenterwald zu sprechen kamen, was mich zunächst verwunderte, da ich den »Plänterwald« nur als ehemaligen Berliner Vergnügungspark kannte, nun aber erfuhr, dass es sich hierbei um eine forstwirtschaftliche Nutzungsform handelt, eine Art Mehrgenerationenwald, in dem Jung und Alt miteinander wachsen und nur einzelne, reife Bäume geerntet werden statt ganzer Schläge, just in diesem Moment wurde die Tür zum Abteil aufgeschoben und eine Zugbegleiterin erschien. Im Gegensatz zu vielen anderen Zugbegleiterinnen, denen die Passform ihrer Uniform oft ein wenig gleichgültig ist, ja, bei denen man sich des Eindrucks nicht erwehren kann, sie hätten sich ihre Dienstkleidung in einer dunklen Kammer aus einem Haufen verschiedener Größen zusammengerauft, im Gegensatz zu all jenen saß dieser Schaffnerin die Uniform aber wie angegossen, fast etwas stramm obenrum. Das sprang besonders ins Auge, weil sie die oberen drei Knöpfe ihrer Bluse nicht geschlossen hatte, es war ja sehr heiß, und ihr Dekolleté wie zwei Pobacken aus dem Ausschnitt leuchtete.

»Fahrkartenkontrolle!«, rief sie. »Ich will eure Scheine sehen!«

Die äußerst muntere Ansprache ließ die Förster schon etwas verdutzt dreinschauen, zumal einer von ihnen zaghaft äußerte, sie seien schon kontrolliert worden, aber das war nichts gegen die Verblüffung, die sie nun allesamt ergriff, als die Zugbegleiterin einen Ghettoblaster in das Abteil stellte, die Tür schloss und die Vorhänge vorzog.

Ein hydrantenrot lackierter Fingernagel klickte eine Playtaste am Ghettoblaster und dann erschollen Bassgedrömmel und Trompetenfanfare von Joe Cockers »You can leave your hat on«.

Die Zugbegleiterin schälte sich überraschend gelenkig aus dem Blazer, schwenkte ihn über dem Kopf, wahrscheinlich um uns allen etwas Luft in dieser Hitze zuzufächeln, und eröffnete dann langsam, aber doch Knopf um Knopf den bislang noch verschlossenen Teil der knappen Bluse. Dazu stellte sie ein glänzend bestrumpftes Bein, das in Hochhackigen endete, dem einen Förster kurz vor den Schritt, wandte sich von diesem, nachdem er reichlich Einblick in ihr Dekolleté erhalten hatte, abrupt ab und wedelte nunmehr mit ihrem straff berockten Hintern dem gegenübersitzenden Jungförster auf dem Schoß herum.

»Ich will eure Scheine sehen!«, rief sie wieder. »Will mir denn keiner eins von seinen Scheinchen ins Strumpfband stecken?«

Sie erhob sich, klatschte sich selbst noch einmal auf den Allerwertesten, und machte sich dann am Reißverschluss des Rockes zu schaffen, um sich dessen zu entledigen. Jetzt, wo klar war, dass sie nicht unsere Fahrscheine, sondern echte Geldscheine sehen wollte, kam etwas Bewegung in die Förster. Der Jungförster, dem gerade auf dem Schoß herumgewackelt worden war, machte, von der Erotik betäubt, Anstalten, zum Portemonnaie zu greifen, während der Spendenaufruf bei einem der Älteren den kurz abgewürgten Hirnmotor wieder zum Laufen brachte. Bei hormonell schon etwas abgeflachteren Herren im fortgeschrittenen Alter wird ja das innere Kassenbuch nicht so schnell zugeklappt.

»Junge Dame!«, tippte er ihr auf den Hintern. »Möglicherweise handelt es sich hier um einen Irrtum …«

Ich gab ihm hastig Handzeichen, er möge mit dieser Erkenntnis noch warten, bis sie vielleicht bis zur Gänze … Aber nun pflichtete ihm auch sein Jahrgangskollege bei.

»Wir haben sie nicht bestellt!«, klärte er auf.

Die strippende Zugbegleiterin, die eben ihren Rock auf die Hacken hatte fallen lassen, um aus ihm herauszusteigen, hielt inne.

»Ihr seid doch aber die ›Grünen Jungs‹!«

Sie musterte mit verkniffenen Augen die Förster, deren Grün bei nun näherer Betrachtung gar nichts Juxhaftes an sich hatte, auch wenn da launig die Bierflaschen auf dem Fenstertisch standen.

»Junggesellenabschied Florian B.?«, fragte sie trotzdem noch.

Kopfschütteln allenthalben. Sie zog den Rock wieder hoch, und schaute, obenrum schon noch sehr frei, nach draußen auf die Abteilnummer. Eine Mutter mit einem daraufhin länger erklärungshungrigen Knaben ging vorbei.

»Ist das nicht Wagen 23?«, fragte die Stripperin, wieder zurück im Abteil.

»Veränderte Wagenreihung«, meinte der Altförster.

»Ich habe meine Kontaktlinsen nicht drinne«, erklärte sie. »Sorry für die Störung. Das tut mir so leid.«

»Keine Ursache«, beruhigte der andere Förster sie, während der junge Kollege verstohlen seinen Fünfeuroschein wieder ins Portemonnaie fädelte. Und weg war sie, samt Ghettoblaster. Nur ein Hauch Bodylotion waberte noch durchs Abteil.

»Schade«, sagte ich, aber der Altförster meinte streng, das wäre Erschleichen von Dienstleistungen gewesen und das könne einem später auf die Füße fallen. Vielleicht hatte er aber auch einfach keine kleinen Scheine mit dabei.

Die Förster benetzten ihre dann doch etwas trocken gewordenen Münder mit Bier und der Jungförster holte sogar noch eine zweite Runde, weil die Verwirrung nicht gleich weichen wollte. Man schüttelte »Sachen gibt's!« den Kopf, man lachte, aber zu einem rechten Sachthema fand man nicht zurück. Das war natürlich doppelt schade. Denn ich hatte doch noch gehofft, dass sie nach einigem Geräusper über »diesen flotten Käfer« assoziationshalber auf den Borkenkäfer zu sprechen kommen würden.

Ein paar Minuten später ging die Abteiltür erneut auf und ein umfängliches, burschikoses Weibsbild in hängender Uniform zückte den abgegriffenen Fahrscheinleser und fragte: »Noch jemand zugestiegen?«

Ich meldete mich.

Als sie mit dem Kartenleser ins Abteil langte, um mich zu scannen, begannen die Förster plötzlich zu lachen und sangen: »You can leave your hat on!«

Das hat ein Nachspiel!

Die beste Einweihung in die Lehren des Kamasutra erhielt ich als junger Brausekopf von einer im gastronomischen Gewerbe tätigen Frau, die mich nach Dienstschluss zu sich heimgeschleppt hatte und die das indische Erotikon sicher nie gelesen hatte. Und ich erhielt meine Lehre, anders als man es erwarten sollte, erst nach dem Akt. Gerade hatte ich die ausgiebig Erwärmte umschlungen, um in dieser Haltung nach ein paar Liebesworten einzuschlummern, als sie mir leicht mit dem Ellenbogen in die Rippen stieß und sagte: »Hey, du kannst jetzt hier nicht einschlafen! Steh auf!«

Ach, dachte ich, es ist ein Jammer mit dem grassierenden Schroff-Feminismus, dass jetzt selbst schon Kellnerinnen einen nach dem Beischlaf wegschicken. Aber ich täuschte mich gewaltig. Sie stand nämlich selber auf, ging in die Küche und machte etwas zu essen. Zündete eine Kerze und sich selbst eine Zigarette an und winkte mich Verdutzten mit dem Rauchfähnlein auf den Platz. »Nach dem Ficken muss ich essen und quatschen!«, erklärte sie dazu, und das taten wir denn auch.

Vielleicht lag es daran, dass es schon wieder hell wurde, aber ich meinte, ich hätte mich noch nie so angenehm, entspannt und klug mit einem Menschen unterhalten. Die besondere Aura dieses Gesprächs wäre mir gewiss entfallen, wenn ich nicht Jahre danach im Kamasutra gelesen hätte, dass man die kostbare Stunde nach der Vereinigung nicht mit Schlaf vertun solle. Hormonell gesprochen solle man das gnädige Schweben auf Oxytocin und

Prolaktin nicht im Ermattungskoma vergeuden, sondern wunderbar geklärten Kopfes beieinander sein. Oxytocin löscht nämlich alle Einwände, die man sonst gegen andere Subjekte hegt, und Prolaktin lässt die Neuronen sprießen wie Pilze nach dem Regen. (An dieser Stelle noch mal ein herzliches Dankeschön an die Probanden, die sich dazu noch im Verkeuchen des Orgasmus Blut abnehmen ließen.) Die Japaner haben für diesen Zustand sogar ein eigenes Wort: Kenjataimu. Die herrliche, aber kurze Zeit, wo ein Mann die Welt und seine Partnerin mit vom Trieb befreiten Geiste sehen kann, bis die Lust seinen Blick wieder schiefzieht.

Das Kamasutra ist darum auch ausgesprochen streng, was den Ausklang einer Liebesstunde betrifft. Man solle sich in getrennten Räumen reinigen und dann einander begegnen, als wäre nichts geschehen. So umgehe man die Befangenheit, die jeden Menschen befällt, der orgasmushalber noch eben völlig aus dem Häuschen war und jetzt ja wieder irgendwie ins Häuschen zurück muss.

Den Sex so zu behandeln, als sei er nur das Vorspiel, um in den Genuss einer gelösten Stimmung beim anschließenden Dinner zu kommen, scheint mir jedenfalls um einiges raffinierter, als ihn bloß als Schlafmittel zu gebrauchen, wie es in unseren Breiten und Zeiten gang und gäbe ist.

Hinzu kommt, dass das Ziel des frisch geduschten Zusammenseins beim postkoitalen Fingerfood den Sex aus seiner Tagesabschluss-Rolle holt. Statt sich der Lebenslüge des »Kuschelns« hinzugeben, welches meistens schon die zweite Minute nicht mehr erlebt, weil die Liebesleute auf ihre bevorzugten Positionen rollen, genießt man den Partner im besten Wachzustand, der zu haben ist. Und das muss – oh Vorteil – nicht am Abend sein. Auch Kinder, die aus der Schule kommen, freuen sich, ihre

Eltern glücklich in der Küche sitzen zu sehen und selbst schlechte Zensuren und Einträge im Muttiheft seltsam gelassen hinnehmen.

Stefan Schwarz @schwarzseher

Im Deutschen kann man seiner Gattin und einer Unterhaltung beiwohnen.

Liegen geblieben

»Ich bin's!«, sagt meine Schwester. »Ich wollte mal hören, wie es bei euch so läuft!« Es ist neun Uhr dreißig. Vormittag. Meine Schwester hat noch nie um diese Zeit angerufen. Vormals in unverzichtbarer Stellung bei einer Baufirma beschäftigt, muss sie um neun Uhr dreißig jemanden anrufen und fragen, ob alles läuft oder ob es Probleme gibt. Ich sage, dass alles bestens sei, obschon ich lieber sagen würde, dass mir für die Kolumne noch ein paar Sätze fehlen, aber ich fürchte, sie würde dann automatisch sagen: »Gut, dann schicke ich dir heute Nachmittag Harald und Günni vorbei, die bringen die fehlenden Sätze mit und bauen sie gleich ein!«

Der Rentenbeginn ist ein schwieriger Lebensabschnitt. Selbst Menschen, die schon seit Jahren die Tage bis zum Renteneintritt gezählt haben, sieht man häufig am ersten Morgen danach noch ganz selbstverständlich um halb acht aus dem Haus gehen und nach dem Bus rennen, erst kurz vor der Haltestelle werden sie langsamer, weil es ihnen dämmert, dass sie freihaben – für immer. Dann gehen sie nach Hause, setzen sich aufs Sofa und entspannen herrlich. Etwa fünf Minuten. Dann sehen sich in der Wohnung oder am Häuschen um. Was gemacht werden könnte, weil es all die Jahre »liegen geblieben« ist.

In Falle meiner Schwester war es die Terrasse. Die Terrasse war liegen geblieben, wie es Terrassen eben so machen. Fünf Minuten hatte meine Schwester entspannt, dann sprang sie auf, voller Tatendrang und schrieb ihrem Mann einen Zettel, was er alles im Baumarkt einkaufen solle. Kies, Beton und natürlich Terrassensteine á 15 kg das Stück. Was meine Schwester nicht beachtete, war, dass sie mit einem sehr hilfsbereiten, aber auch schon in die Jahre gekommenen Mann verheiratet war, und nicht mit einem Gabelstapler.

»Wie geht es meinem Schwager?«, erkundige ich mich. »Sie werden wohl nicht operieren müssen!«, sagt meine Schwester. »Ein halbes Jahr Ruhe und Physio samt Spritzen, war doch ein ziemlicher Bandscheibenvorfall! Vielleicht frage ich Winni von gegenüber, ob er mir den Rest reinträgt.«

Eigentlich hätten die Leute vor dem Rentenbeginn meiner Schwester mit einer Mitteilung im Amtsblatt gewarnt werden müssen, damit sie auf deren Frage »Was machst du eigentlich Samstagvormittag?« ein Verhindertsein vorschützen können. »Ich habe jetzt erstmal alle Bücher ausgeräumt und blätter die durch, ob da irgendwo Eselsecken drin sind«, erklärt meine Schwester, während im Hintergrund mein Schwager um Hilfe ruft, weil er ja mit der Fernbedienung an einer Schnur um den Hals im Bett liegt und Rätselsendungen gucken soll, bis er wieder »ran muss«. Aber er ist selber schuld. Er hat zugelassen, dass meine Schwester zum Pilates ging und ihre Ernährung auf zuckerfrei umstellte, und sich auf diese Weise eine ihrem Alter nicht mehr angemessene Vitalität bewahrte.

»Ich schmeiß auch schon paar weg«, fährt meine Schwester fort, »weil mittelfristig wollen wir ja zu einem der Kinder ziehen.« Meine Schwester hat drei. Eine Tochter im Ausland, ein Sohn im Norden, einer wohnt bei uns um die Ecke. Jetzt keinen Fehler machen. Wenn meine Schwester in unsere Nähe zieht, wird sie sicher öfter zum Kaffee vorbeikommen. Und wenn sie da ist, wird sie sich in unserer Wohnung umschauen und feststellen, dass der Stuck schon ewig nicht mehr abgewaschen wurde, obwohl das mit einem Gerüst und dort oben auf dem Rücken liegend in zwei, drei Wochen erledigt wäre ...

»Ja«, sage ich, »ich habe unlängst mit deiner Tochter telefoniert. Ich soll es dir eigentlich nicht verraten, aber es wäre ihr Traum, dass ihr zu ihr nach Übersee zieht.«

Feg-News!

»An der Wand im Wohnzimmer sind lauter schwarze Flecken«, sagt meine Frau beim Abendbrot. »Der Schornsteinfeger war da«, sage ich, »er hat den Kamin verplombt. Wir dürfen ihn nicht mehr benutzen. Zu alt.« Meine Frau, die sichtbar grübelt, wie das die riesigen schwarzen Flecken erklären soll, fragt: »Hat er auch gesagt, warum? Ist es wegen der Kohlenmonoxidwerte? Oder wegen der Feinstaubemission? Hat er sich die Plakette auf der Rückwand des Kamins angesehen? Können wir einen Filter nachrüsten? Gilt das Befeuerungsverbot nur für Holz oder auch für Kohle?«

Ich hasse das, wenn meine Frau mehr von mir wissen will, als ich Auskunft geben kann. Immerhin bin ich vom Schornsteinfeger in der Betrachtung des Internets gestört worden und wer ein bisschen was über Männer weiß, die in der Betrachtung des Internets gestört wurden, weiß auch, dass meine Frau froh sein kann, dass ich mir Beruf und Kernaussage gemerkt und ihr nicht nur mitgeteilt habe: »Heute war ein Mann da!« Aber das ist ja eine altbekannte Masche meiner Frau, dass sie mir im Nachhinein Fragen stellt, die ich nicht gestellt habe, nur damit ich mich fühle wie ein Frageversager. Sie fragt immer so lange, bis ich kläglich einräume: »Das weiß ich nicht. Das habe ich nicht gefragt.« Dann schüttelt sie den Kopf und fragt sich, himmelwärts blickend, warum sie mit so einem Nieselpriem zusammen ist.

Dabei ist es ausgesprochen ehestärkend, dass ich so unaufmerksam bin. Wenn ich ihr jetzt nämlich mit komplizierten

Schornstein-Feg-News käme, würde die Liebste bald unwirsch werden, denn sie kann es gar nicht haben, wenn der Mann ihr oberklug Bescheid gibt. »Ist doch egal«, weise ich darum alle Detailfragen von mir, »jedenfalls ist bei uns der Ofen jetzt aus! Stillgelegt!«

»Zu Recht«, sagt meine Frau überraschend einsichtig, »wenn man bedenkt, was wir an Feinstaub in den letzten Jahren durch die Esse gejagt haben. Tausende vorzeitige Tode in Deutschland verdanken sich allein der Feinstaubbelastung.«

»Du meinst, der Hustenopa von nebenan könnte noch leben, wenn wir weniger vor rußenden Flammen gekuschelt hätten?« Meine Frau nickt betroffen. Der Hustenopa hat immer unsere Tochter heiser aus dem Fenster angebellt, wenn sie mit einem Stock den Eisenzaun entlanggedengelt kam. Wie viele Kinder hätte er noch ausschimpfen können? Jetzt, wo er tot ist, dengeln die Kiddies mit ihren Stöcken den Eisenzaun entlang und denken trullala, das wäre Musik in aller Ohren. Gereizte Opas, die einen aus dem offenen Fenster urplötzlich anschnauzen, sind wichtige Alltagstraumata für Heranwachsende. Wir fühlen: Ein Stück Diversität fehlt.

»Er war ein starker Raucher!«, wirft meine Frau nun aber die Schuld von ihren Schultern.

»Er schien mir auch büchsenernährt und bewegte sich nur vom Sofa zum Fenster«, gebe ich gleich dazu. »Vieles kann ja zu einem vorzeitigen Tod führen! Sogar Schuldgefühle! Schuldgefühle sind mindestens so tödlich, sie sind der Feinstaub der Seele!«

Ich sehe meine Frau an, ob sie die lyrische Kraft meiner Metapher auch genügend bewundert, aber sie ist mit den Gedanken schon woanders. Sie beklagt unsere Kassenlage, die den Erwerb eines neuen Kamins mit Filteranlage in absehbarer Zeit verbiete. Nicht mal die Tochter könne man gegen Geld zur Adoption feilbieten, da sie leider volljährig sei.

»Lass den Kopf nicht hängen«, sage ich, »die Zukunft wird uns Glück und Geld bringen! Ich hab nämlich den Schornsteinfeger angefasst. Er wollte zwar Abstand halten, aber ich habe ihn im Wohnzimmer in eine Ecke gedrängt und umarmt.«

Stefan Schwarz @schwarzseher

Meine Frau war zwei Stunden beim Friseur. Sieht aber aus, als wäre sie drei Stunden beim Friseur gewesen.

Flüchtige Symptome

»Na, was haben Sie denn?«, fragt mein Arzt fröhlich, weil er Besucher mit kleinen Infekten liebt, denen er keine seitenlangen Befunde vorlesen muss, die alle nur »Fuck! Fuck! Fuck!« oder »Game over!« auf Medizinesisch lauten. Ich hocke vor ihm, klaren Atems, frei summt das Blut durch meine Glieder.

»Nichts«, sage ich entsetzt. »Ich hatte zugeschwollene Nasennebenhöhlen, eine puckernde Stirn, einen entzündeten Hals und schmerzende Glieder. Es war voll furchtbar. Sie müssen mir glauben. Aber jetzt gerade habe ich nichts. Die Körperteile sind zwar noch da, aber die ganzen Adjektive sind weg.« Der Doktor lässt mich auf der Arbeitsliege absitzen, funzelt in die Nebenhöhle, beklopft meine Stirn. Dann holt seinen größten Rauhholzspatel aus dem Spateleimer, schiebt ihn mir zwischen die Mandeln und erkundet ausgiebig meinen Würgereiz.

»Mmmh«, meint der Doktor skeptisch. »Lassen Sie mich nicht hängen«, flehe ich, »ich weiß, wenn ich hier rausgehe, fängt alles sofort wieder von vorn an.«

Mein Körper verhält sich beim Arzt wie ein Student, der überraschend von seinen Eltern Besuch bekommt und alles wegräumt, was Anlass zur Beschwerde geben könnte. Wenn ihn jemand untersuchen will, tut er immer obergesund. Aber wenn ich zu Hause bin, werden die Viren und Bazillen wieder aus ihren Ecken kommen. Eigentlich müsste ich meinen Arzt bitten, hinter einer Hausecke zu lauern, damit er meinen Schnupfen in flagranti ertappt.

Blitzartige Praxis-Genesungen und Spontan-Remissionen im Angesicht eines weißen Kittels sind ein großes Rätsel der Wissenschaft und der Fluch vieler redlicher Menschen, weil sie ihre Symptome auswendig lernen müssen, um nicht als Simulanten dazustehen. Arbeitsrechtler müssen der Tatsache endlich ins Auge sehen, dass viele schwer Erkältete allein durch den Akt der Krankmeldung gesund werden und dann vor Scham darüber nach Mallorca fliehen. Vielleicht ist es das Adrenalin, das einen flutet, wenn man die ganzen anderen Seuchenschleudern im Wartezimmer sieht, vielleicht ist es die Überweisungsmacht des Arztes, vor der die Krankheit zurückweicht (»Ich denke, wir klären das mal mit einer Magensonde und einem Herzkatheter ab. Essen Sie bitte ab jetzt vierzehn Tage nichts und trinken Sie dann die fünf Liter dieses gipsähnlichen Kontrastmittels auf einmal!«).

»Okay«, quält sich der Doktor jetzt, mich nicht völlig bloßzustellen, »für jemanden, der gerade lange in was Rotes geguckt hat, könnte der Hals ein bisschen gerötet wirken. Aber da würde ich jetzt gar nichts machen. Es reicht, wenn Sie in den nächsten zwei Tagen nicht stundenlang laut schreien oder herumbrüllen.« »Wie sollte ich?«, erkläre ich resigniert. »Ist ja niemand da. Meine Frau ist auf Dienstreise und meine Tochter auf Klassenfahrt.« »Ach so«, versteht der Doktor die Lage plötzlich neu, »Sie sind ganz allein.« Er rutscht mit seinem Rollsessel zurück an den Doktorschreibtisch. »Gut, dann gehen wir das doch lieber entschlossen an. Sie haben wahrscheinlich Morbus Solitudensis. Das ist das Wissen, dass man krank werden könnte und dann niemanden hat, der einem hilft. Verursacht oft die Beschwerden der befürchteten Krankheit und ist auch von der Pathologie her ganz ähnlich. Auf dem Seziertisch kann man nicht erkennen, ob jemand aus Angst vor einem Schnupfen einen

Schnupfen bekommen hat oder einfach so. Deswegen kommen Sie jetzt bitte morgens und abends in die Praxis und die Schwester kümmert sich dann um Sie!«

»Was macht sie denn?« »Sie macht Ihnen einen Tee und streicht Ihnen dreimal durchs Haar. Das sollte reichen.«

Stefan Schwarz @schwarzseher

Ich soll dreimal täglich »nicht lieferbar« einnehmen und zur Nacht noch mal »zurzeit nicht verfügbar«. In akuten Notfällen zwanzig Tropfen »Wir hoffen, dass in vier Wochen was kommt«.

Der Vater als Berater

Finn ist dreizehn und plötzlich werden die Mädchen schön. Finn macht Parcours, kann also über Geländer springen und in brutalistischen Betongebilden herumhüpfen wie ein kleines Äffchen. Und genau das ist das Problem. Finn würde lieber wie ein großes Äffchen herumhüpfen. Er ist nämlich ziemlich klein für sein Alter. Deshalb finden die Mädchen ihn maximal »süß«, wo sie ihn doch »cool« oder »krass« finden sollen.

»Pass mal auf! Da gibt es einen Trick! Nicht so viel trainieren! Um zu wachsen, brauchst du viel Ruhe und ordentlich Eiweiß!«, riet ich ihm darum vor einiger Zeit, denn Finn ist der Sohn unserer Freunde und er hatte mir gerade partyhalber seinen Rückwärtssalto vom Sofa gezeigt, gefolgt von oben angezeigter Klage. »Das sag ich die ganze Zeit«, kommentierte sein Vater meinen Hinweis, »aber er hört ja nicht!« Auch Finns Mutter klagte, er ernähre sich nur von Süßkram und Brause und habe dann bei den Mahlzeiten keinen Appetit. Finn jedoch registrierte meinen Rat mit einem stillen Nicken, wie es ganz unpassend war für einen pubertierenden Knaben.

Meine Frau aber schalt mich auf dem Heimweg: »Du musst nicht immer gleich mit deinem Wissen prahlen. Bei Kindern reicht es oft, einfach nur zuzuhören.« Ich wollte was entgegnen, aber ich ließ es. Schließlich gibt es auch bei weiblichen Vorwürfen einen sehr guten Trick und der ist, nichts zu sagen, bis die Frau der Schärfe ihres Tons und der Fragwürdigkeit ihrer Vorhaltungen selbst gewahr wird. Ich schwieg also durchaus fest, aber freundlich, bis meine Frau ergänzte: »Ich weiß, dass du es nur gut meinst, aber Kinder wollen selbst herausfinden, was für sie funktioniert.« Da schwieg ich weiter, bis sie mich endlich unterhakte und wieder lieb war. Ich hatte sie also lieb geschwiegen. Ein Spitzentrick!

Wenige Tage später rief Finns Vater an und sagte, er hasse mich und ich solle kommen und das Katzenklo saubermachen und den Müll rausbringen, denn sein Sohn liege nur noch faul auf der Couch und schlürfe Protein-Shakes, um zu wachsen. Wenige Wochen später rief er wieder an und sagte, er hasse mich noch mehr, denn Finn wäre jetzt tatsächlich gewachsen. Und das wäre ein Hohn für alle seine jahrelangen Bemühungen.

Die schlechte Wirksamkeit elterlicher Ermahnungen ist ein verstörender Fakt. Zumal der Taubheit gegenüber dem Wissen der Eltern eine Offenheit für fremde Einflüsse gegenübersteht, die an Wahnsinn grenzt.

Schon unser Sohn kam eines Tages nach Hause und sagte: »Ich habe gerade mit einer Frau an der Haltestelle über mein Studium gesprochen und die hat gesagt, ich soll aufhören zu studieren.« Was er denn auch prompt tat. Wir wissen bis heute nichts über diese Frau. Vielleicht war sie sonderbar gekleidet. Vielleicht war sie sogar betrunken oder verrückt oder beides. Aber sie prägte sein Leben mehr als zwanzig Jahre unserer familiären Fürsorge.

»Warum bin ich eigentlich für andere Kinder der weise Zauberer und für euch nur ein Geräusch?«, fragte ich das mir noch im Hause verbliebene Kind beim Abendbrot. »Weil du nicht abwarten kannst, bis man ein Problem hat«, meinte die Tochter. »Du rätst, wenn du redest. Wir reden über Wintermode und du sagst: ›Ein Fusselrasierer gehört in jeden Haushalt!‹ Wir reden über Blumen und du sagst: ›Schnittblumen immer anschneiden, bevor man sie ins Glas tut!‹ Wir reden über Typen. Du sagst: ›Hellblonde Freunde sind schlecht für Urlaube im Süden!‹«

»Gut, wenn ich euch mit meiner Weisheit nerve«, sagte ich, »dann müsst ihr einfach Folgendes machen. Pass mal auf ...«

Stefan Schwarz @schwarzseher

Kleine Männer sollten nur von kleinen Männern gespielt werden. Meine Meinung.

Der Heilige Rochus mit dem Muschelhut

Wenn meine Frau und ich verreisen wollen, beginnt sie schon Wochen vorher Reiseführer und Landkarten zu studieren. Ich weise sie dann gern darauf hin, dass wir keine Expedition zum Südpol planen. »Vorher Reiseführer lesen ist wie zweimal reisen!«, sagt sie. Ich sehe das nicht so. Einen Reiseführer vorher zu lesen, bedeutet, dass man in ein Land nur fährt, um zu gucken, ob dort alles so ist wie beschrieben. Das ist aber keine Reise, das ist eine Inventur. »Man sieht nur, was man weiß«, zitiert dann meine Frau den ollen Goethe.

Das führt dazu, dass wir eines schönen Sommertages eine geschlagene Viertelstunde in der Messkapelle der Katastralgemeinde Gößl stehen und mir meine Frau aus dem Reiseführer vorliest, dass dieses die einzige im Privatbesitz befindliche Filialkirche der Pfarre Grundlsee ist. Für sie sind solche Informationen kein Problem, weil sie schnell vergisst, aber ich merke mir so was leider. Mein Kopf ist voll mit belanglosem Wissen über sogenannte Sehenswürdigkeiten, mit dem man bei Partys schnell den ganzen Raum für sich allein hat. In der Messkapelle der Katastralgemeinde Gößl findet sich nämlich auch ein Bild des Heiligen Rochus und ich kann Ihnen mitteilen, dass niemand auf den Heiligen Rochus je einen Rochus hatte, weil in diesem Fall Rochus eine Verballhornung des jiddischen Wortes für Zorn ist.

Dass man den Heiligen Rochus auf dem Bild in der Messkapelle erkennen kann, liegt an seinem Pilgerhut, welcher ein sogenannter Muschelhut ist, was auf die angesteckte Jakobsmuschel zurückzuführen ist, die wiederum ihren Namen vom Heiligen Jakob hat, der sie aber nicht selbst so nannte, was auch ein bisschen eitel gewesen wäre, sondern eines Wunders wegen, in welchem ein junger Ritter durch den Geist des bereits verstorbenen Heiligen Jakob vom Wassertod errettet war, sodass sich hier ein Heiliger mit einem anderen Heiligen schmückt. Das ist alles reiseführerhafte Informationsplaque, verstopft mein Gehirn und verhindert nur, dass ich mich über Land und Leute wundern kann.

Denn das ist, was ich suche: Befremden. Ausländer halten sich ja für völlig normal. Aber das sind sie nicht. Das Ausland ist eine Zone äußerster Rätselhaftigkeit und müßiges Detailwissen über Messkapellen und Heilige auf Altarbildern lenkt einen nur davon ab. In keinem Reiseführer stand, dass der junge Mann von der Autovermietung auf Teneriffa auf meinen sehr deutschen Hinweis, eine klitzekleine Beule im linken Kotflügel sei im versicherungsrelevanten Übergabepapier nicht eingetragen, urplötzlich mit dem Schuh auf den fraglichen Kotflügel eintreten und seelenruhig erklären würde: »Und jetzt ist hier noch eine Beule!« Das fand ich wunderbar befremdlich und darum geht es ja in der Fremde. Als ich im ungewohnten Linksverkehr in Irland einen Radfahrer mit dem Rückspiegel erwischte und in den Straßengraben kegelte, winkte dieser nur freundlich und rief, dass alles in Ordnung sei, obwohl sein Körper irgendwie im Rahmen verknotet war und seine Beine in den Speichen steckten. Verwundert fuhren wir weiter und kamen endlich wie von meiner Frau geplant zur Zisterzienserabtei Corcomroe, die, wie mir dort mitgeteilt wurde, 1195 entweder von Donal Mor O'Brien oder seinem Sohn Donat O'Brien gegründet wurde, und in der ein Mönch namens John O'Dea 1628 zum Abt ernannt wurde, der eigentlich aus dem spanischen Salamanca stammte, was keine Sau interessiert. Aber wenn wir da nicht hingefahren wären, hätte ich nie erfahren, wie irische Radfahrer reagieren, wenn man sie umfährt.

Stefan Schwarz @schwarzseher

Wenn du bei Tourenski an einen polnischen Pianisten denkst, warst du schon länger nicht im Winterurlaub.

Großwildjäger

Das Elend der weiblichen Partnerwahl ist schnell erklärt. Der, mit dem sie ins Bett geht, ruft nicht wieder an, während sie mit dem, der wieder anrufen würde, nicht ins Bett geht. Warum ist das so? Haben so viele Mütter ihre Söhne falsch erzogen? Vermitteln Film und Fernsehen falsche Rollenbilder? Ist es ein Virus aus dem All, der all die tollen Männer über Nacht in Arschlöcher verwandelt? Die Anthropologin Kristen Hawkes hat eine kluge Antwort darauf gefunden und sie ist nicht sehr schmeichelhaft für die Frauen. Untersucht hat sie das am Stamm der Aché in Paraguay, wo die Männer jeden Tag mit großem Tatütata zur Jagd aufbrechen, während die Frauen mühselig Palmen zerstampfen und Maden sammeln, um genug Essen zu haben, denn das Jagdglück ist den Männern nur selten hold.

Der Mythos vom Ernährer lässt sich mit Blick auf die paar Nabelschweine, die Aché-Männer oft auch noch gleich vor Ort verspeisen, nicht wirklich aufrechterhalten. Mit dem scharfen Blick der Gleichberechtigten fragte sich Hawkes, warum diese Versager nicht gleich zu Hause blieben und beim Palmstampfen mit anpackten? Die Rechnung sprach doch eine deutliche Sprache. Während jede Frau 10.000 Kilokalorien Nahrung produzierte, schafften die Männer gerade mal 4.000 Kilokalorien im Durchschnitt. Anderswo auf der Welt sieht es nicht besser aus. Die Jäger der Hadza in Tansania erlegen lächerlicherweise nur einmal im Monat eine Giraffe und in Papua-Neuguinea vergeuden die Männer große Teile ihres Lebens mit der Suche nach

Kängurus, während die Frauen ganz pragmatisch Fische fangen, Raupen und Spinnen sammeln, damit die Kiddies was im Bäuchlein haben.

Oberflächlicher Feminismus würde die Männer jetzt des Egoismus beschuldigen, aber es ist etwas komplexer. Dazu muss man wissen, dass die wichtigste erogene Zone der Frau nicht der G-Punkt, der C-Punkt oder der A-Punkt ist, sondern die soziale Zone, die Tatsache, ob der mögliche Partner ein echter Fetzer und Knaller ist. Weibliche Paarungsfreude kommt auf, wenn der Mann coole Moves und eine gute Story hat, unter seinen Gefährten eher vorne steht und Beifall bekommt. Dazu aber braucht es dramatische Aktionen wie die Jagd. Abenteuer beim Palmstampfen oder Madensammeln sind eher selten. Protzige Jäger mit bedeutenden Speeren in der starken Hand können selbst bei zufälligstem Jagderfolg damit rechnen, dass sie im Dämmerlicht von den nicht so ganz schlimm monogamen Aché-Frauen hinter die Hütte gewunken werden, um ihren Angeber-Samen auch dort unterzubringen, wo er sonst eigentlich nicht hinkäme. Dadurch entsteht leider eine gewisse Zuchtwahl in Richtung Prahlerei und Draufgängertum.

Kurz: Männer gehen nicht jagen, weil es was bringt, sondern weil sie sich damit einen guten Namen machen können. Wenn Frauen die letzten hunderttausend Jahre heiß auf fade Madenpopler gewesen wären, sähen die Männer heute anders aus. Die ganze Welt, wie sie war und besteht, mit ihren Pyramiden und Kriegen, ihren Entdeckerfahrten und Revolutionen, ihren Labortüfteleien und sogar noch den kleinsten grammatischen Rechthabereien von Männern mit einer halben Stelle an der germanistischen Fakultät, gibt es nur, um Frauen zu beeindrucken. Keine Frau wird vor Langeweile feucht. Das züchtet leider wenig solide Typen, die der Behaglichkeit einer monogamen Langzeitbeziehung nichts abgewinnen können, und alsbald weiterziehen, wenn sie ausreichend beeindruckt und begattet haben.

Dann kommt die Stunde der braven Versorger mit ihrer – beeindruckenden – Verlässlichkeit.

Stefan Schwarz @schwarzseher

Ich müsste eigentlich was arbeiten, aber vorher lese ich noch diesen interessanten Artikel über Prokrastination.

Kein Bett im Kornfeld

Meine Eltern waren 1964 endlich stolze Besitzer eines Personenkraftwagens der Marke Trabant und genossen diesen Umstand, indem sie am Sonntag über Land fuhren. Als gelernte Landwirte ertrugen sie es nicht, nur in der Stadt die Rabatten blühen zu sehen. Nein, sie mussten nachschauen, ob auf den Feldern alles seine Ordnung hatte. So töpperten sie stolz mit dem Pappmobil über das brandenburgische Kopfsteinpflaster. Mein Vater rauchte, lässig den Ellenbogen im heruntergelassenen Fenster, und meiner Mutter wehten die ondulierten Haarlocken aus dem geblümten Kopftuch – und da geschah es. Sie sahen einen Heuhaufen.

Erinnerungen überkamen sie an warme Maientage voller lange geschwungener Rechen nach der ersten Mahd und an steife Hüften, die unbedingt gelockert werden mussten. Mein Vater bog also ab und sie stiefelten hin. Überdies war meine Mutter unter dem Eindruck des Heuduftes der irrigen Auffassung, es könne heute nichts passieren.

Doch dann passierte ich. Ein Heubaby. Ein Geschenk der traditionellen Wiesenmahd. Heute wäre dergleichen unmöglich. Nicht nur, weil im folgenden Jahr die Antibaby-Pille in der DDR eingeführt wurde, sondern weil Heu heute sofort aufgegabelt, in Ballen gepresst und abtransportiert wird, und zwar von einem korpulenten Treckerfahrer fortgeschrittenen Alters, der in Ermangelung heurechenschwingender Mägde noch bei seinen Eltern wohnt.

Auch die andere, viel besungene Möglichkeit, im Freien intim zu sein, das Bett im Kornfeld, hat sich erledigt. Denn just in diesem Jahr, in dem ich dann unvermeidlich zur Welt kam, entschied sich Indien seiner hungernden und darum Überbevölkerung eine sonderbare Weizenzüchtung anzudienen, die nach dem Zweiten Weltkrieg aus einem japanischen Bonsai-Weizen und einer amerikanischen Protzsorte zusammengekreuzt worden war, ein Pflanzending, das man endlos düngen konnte, ohne dass es geil wurde und umfiel. Der verdreifachte Ertrag rettete Indien und sprach sich rum. Während ich also von Jahr zu Jahr größer wurde, wurden die Weizenhalme der Welt immer kleiner. Wo früher Felder brusthoch im Wind wogten, zittert heute nur noch eine Art Bürste aus Halmen in der Brise. Nicht mal Hamster können sich heute in einem Kornfeld begatten, ohne den Blicken von Vorbeifahrenden ausgesetzt zu sein.

Aber so wie man beim Wein dem Terroir, dem Ursprungsboden, eine besondere Wirkung auf dessen Güte nachsagt, so bin auch ich überzeugt, dass sich im Heu gezeugte Menschen von normalen, im weichen Bett gemachten Menschen unterscheiden. Ich kann nicht sagen, worin, aber manchmal mache ich Witze, über die im ganzen Saal nur ein einziger Mensch lachen kann, weil es ihn wie ein Grashalm an der Nase kitzelt – und dann denke ich, aha, wahrscheinlich ein Heubaby.

Kurz: Heubabys dürfen nicht aussterben! Ein Jahr lang voller nicht enden wollender Spaziergänge haben gezeigt, dass man nicht ewig in der Natur herumtrampeln kann, sondern auch mal vom Wege abkommen und rumlümmeln sollte. Wir brauchen nicht nur Blühstreifen für Schmetterlinge und Rebhühner, wir brauchen auch wieder Kopulationsverstecke für Liebespaare in von mir aus von der EU geförderten Altkornfeldern und Heuhaufen. Liebe in Kontakt mit Mutter Erde ist seit alters ein Regenzauber und möglicherweise haben wir nur deshalb vermehrt Dürren im Lande, weil niemand mehr mitten auf dem Feld seine Liebste beackert.

Stefan Schwarz @schwarzseher

Ich habe eben herausgefunden, dass man »Pazifik« auch schweinisch betonen kann, und möchte jetzt sofort mit einer Zeitmaschine in die sechste Klasse zurückreisen.

Big Spender

Als ich meine Frau kennenlernte, war sie Geschäftsführerin einer florierenden Firma und ich hatte nur Adressen, die mit c/o anfingen, weil ich vom Finanzamt gesucht wurde. Sie hingegen kam mit Oberklassewagen angerauscht, entführte mich in Fünf-Sterne-Hotels und bezahlte mit einer ihrer vielen Kreditkarten. Ich hatte auch mal bei der Bank nach einer Kreditkarte gefragt, aber die Schalterangestellte hatte nach einem Blick auf ihren Monitor nur mit einem außerordentlich bedauernden Lächeln den Kopf geschüttelt. Ich war so arm, dass ich wegen schlimmen Selbstmitleids manchmal tagelang nichts von Weltgeltung zu Papier brachte.

Aber dann wurde meine Frau schwanger und beschloss, in einem abrupten Umkippen ihres hormonellen und beruflichen Wesens für Jahre ganz die Mutterschaft zu leben. Sie zog sich aus dem Geschäftsleben zurück und vertraute mir den Unterhalt der Familie an. Der geschätzte Leser kann diesen Zeilen entnehmen, dass ich dieses Vertrauen überraschend, mehr noch, glänzend rechtfertigte, zum Liebling des Finanzamts wurde, von Autokauf zu Autokauf lässiger vor den Händlern saß, der Urlaubssehnsucht der Familie Orte jenseits der Bleilochtalsperre erschloss und am Ende sogar einmal ein nigelnagelneues Klavier kaufte, weil ich meinte, der Tochter könnte Musik von eigener Hand Spaß machen.

Meine Frau murrte, weil so eine gewichtige Anschaffung eigentlich in den Elternrat gehöre, aber sie konnte nichts machen.

Wir hatten getrennte Konten. »Was schert es dich?«, lachte ich. »Ist doch bloß mein Geld!«

Ich dachte tatsächlich, dass die Wippe des Einkommens sich herrlich und für immer auf meine Seite geneigt hätte. Doch dann kam die böse Seuche und schöpfte mit der großen Kelle meine finanziellen Möglichkeiten aus, auf dass ich wieder so arm sei wie zuvor, während das Konto meiner nun im Journalismus umso dringender benötigten Frau in nie gesehene Höhen wuchs.

Und so geschieht es, dass ich eines Morgens den Satz sagen muss, den ein Mann jenseits der Dreißig eigentlich nicht mehr sagen sollte. »Kannst du mir mal hundert Euro leihen?« »Ja, gern!«, sagt meine Frau freundlich und dann fragt sie noch freundlicher, wenn auch etwas gedehnter: »Wofür?« Genau das wusste ich. Natürlich hat sie nicht vergessen, dass ich sie damals bei der Anschaffung des Klaviers übergangen und ihre Zustimmung nicht eingeholt hatte. Jetzt rächt sich der Hochmut getrennter Konten.

Eigentlich sollte ich mich aber über meine erneut reiche Frau freuen, aber ich kann nicht. Was soll das werden, wenn sie beim Stadtbummel mir freundlich auf den Hintern klapst und sagt: »Na, ich seh doch, dass du ein Eis haben willst! Hier hast du zwei Euro! Hol dir mal eins!«

Soll ich ohne jede Einspruchsmöglichkeit zusehen, wenn sie erklärt: »Dieses Jahr geht es nach Grönland! Zeltcamp auf dem ewigen Eis! Wollte ich schon immer mal!«, wo ich früher bockig geantwortet hätte: »Dafür schmeiß' ich mein sauer verdientes Geld nicht raus!«

Werde ich verliebt zwitschern »Danke, du bist ein Schatz!«, wenn sie mir ein paar Geldscheine in die Hose schiebt, damit ich mit meinen Kumpels in den Biergarten kann? Wohl kaum.

»Ich will dir ein Geburtstagsgeschenk kaufen!«, sage ich nach einem gequälten Zögern. »Aber nicht für hundert Euro!«, bestimmt meine Frau streng. Ich sacke zusammen.

Und was macht sie? Sie lacht. »Zweihundert gebe ich dir und dann will ich aber was sehen, Baby!«

Stefan Schwarz @schwarzseher

Mein Frau hat mehr Geld von der VG Wort bekommen als ich. Das ist nicht mehr mein Patriarchat.

Heulsuse im Kampfeinsatz

»Da, siehst du!«, sagt meine Frau und zeigt mir ihr Handy. »Zwei Stunden und einunddreißig Minuten! Und dann nur ein blöder Daumen!« Wir sind wandern und sie hat vor zwei Stunden und einunddreißig Minuten ein Selfie von uns vor einer Klosterruine in die WhatsApp-Gruppe ihrer Familie gestellt. Gestern hat ihre Schwester einen Spaziergang am Meer gemacht und ein Bild von einer nicht sehr besonderen, ja fast schon unterdurchschnittlichen, einfach nur so aufgehobenen Muschel gepostet, worauf ihre Mutter und ihre andere Schwester sich sofort mit Repliken wie: »Was für ein tolles Foto!« und »Genieß den Tag am Meer!« gegenseitig überboten. Nicht mal drei Minuten hat es dafür gebraucht. »Vielleicht waren sie heute alle anderweitig beschäftigt!«, beschwichtige ich sie, aber meine Frau scrollt sofort durch ihre Notiz-App und rechnet den Durchschnitt der Reaktionszeiten ihrer Schwestern und ihrer Mutter aus, die sie akribisch vermerkt hat.

»Letzten Monat war meine große Schwester mit durchschnittlich einer Stunde und siebenundvierzig Minuten die Beste, der Rest ist abgeschlagen im Reaktionsbereich von mehreren Stunden. Es gab aber sogar schon Fotos von mir, die erst nach anderthalb Tagen gelikt wurden«, klagt mein Weib und ich nehme die Spätgelikte sofort in den Arm, um die sozialmediale Vernachlässigung auszugleichen. Es ist eine Scheißidee, seine Herkunftsfamilie in einer WhatsApp-Gruppe zu versammeln und um Anteilnahme am eigenen Leben zu bitten. Meine Frau ist das dritte Kind, die jüngste dreier Schwestern, die sich ein Zimmer teilen mussten und dementsprechend übersensibel, was die Gewichtung der innerfamiliären Sympathien angeht. Paketgrößen, Anrufhäufigkeit und -dauer, Erwähnung in Gesprächen mit Dritten – nichts ist zu gering, um nicht Auskunft zu geben über die Frage: »Wo stehe ich im Geschwisterranking?«. Auch die Beteuerungen ihrer Mutter: »Ich liebe dich genauso wie deine anderen Schwestern, Katrin!«, konnte sie nicht davon abbringen, wohl vor allem deswegen, weil sie nicht Katrin heißt. Hinzu kommt, dass, wo immer zwei Schwestern der Familie zusammentreffen, die jeweils fehlende als die »problematische« beschwatzt wird, und man sich gegenseitig versichert, die Lieblingsschwester zu sein. Das macht natürlich argwöhnisch und am Ende irre.

Zwar bin auch ich das jüngste Kind von drei Geschwistern, aber meine Schwestern haben früh entschieden, dass sie sich diesen Stress, wer nun von uns mehr oder weniger Herzchen verdient, nicht antun wollen. Meine Schwestern haben sich lieb und ich bin »Heulsuse«, weil ich früher immer rumgeplärrt habe, wenn meine Schwestern mich nicht mitspielen lassen wollten. Daran kann ein noch so turbulenter Verlauf meines Lebens nichts ändern. Das indische Kastensystem ist flexibler.

Jeden Morgen telefonieren meine Schwestern miteinander. Sicher ist auch mal von mir die Rede, aber ich muss mir keine Gedanken machen, wie: »Hast du schon gehört? Heulsuse ist im Kampfeinsatz verwundet worden, als er Kameraden aus dem gegnerischen Feuer rettete!« Oder: »Heulsuse ist jetzt in den Aufsichtsrat von diesem Weltkonzern gewählt worden!« Oder auch: »Heulsuse bekommt den diesjährigen Nobelpreis!«

Und sicher werden sie auch diese Kolumne lesen und übereinstimmend feststellen: »Hast du schon gelesen, wie Heulsuse sich wieder ausgeheult hat?« Wenn wir eine WhatsApp-Gruppe wären, könnte ich mir da nicht so sicher sein, und würde nach jedem Foto gucken, wer mich schneller lieb hat.

Stefan Schwarz @schwarzseher

Ich bin nicht mal qualifiziert, anderen die Qualifikation abzusprechen.

Jüngst traf ich eine Jüngste

Eigentlich war ich der Gastgeber dieser Party, aber ich saß schon seit zwei Stunden allein mit Ingmar in der Küche und ging mit ihm jeden verdammten einzelnen Tag seiner Beziehung zu Anna durch. Anna hatte Ingmar gerade verlassen. Einfach so. Ohne einen neuen Freund zu haben. Bekanntlich der Trennungen beschämendste, weil sich das verletzte männliche Ego nicht auf einen diabolischen Verführer herausreden kann. Er saß nun also da, um mit mir zusammen und mithilfe einer Flasche Whiskey herauszufinden, an welchem Tag der erste kleine, feine Riss durch die Partnerschaft gegangen war. Ingmar ist Ingenieur, prüft Materialermüdungen in einem Chemiewerk, und ging also davon aus, dass ein einziger übersehener Riss im Material ihrer Liebe schließlich zum Auseinanderbrechen der ganzen Beziehung geführt hatte. Wir waren schon ordentlich angetrunken, aber außer »dass sie einmal so komisch geguckt hat«, als er irgendwas gesagt hatte, waren wir zu keinerlei tiefschürfender Erkenntnis gekommen.

Dann kam Franziska rein, die sich ein Handtuch holen wollte, weil sie gekleckert hatte.

»Wo ist Anna?«, fragte sie Ingmar, der gleich waidwund in sich zusammenfiel.

»Bei ihrer älteren Schwester oder bei ihrem großen Bruder! Ich weiß es nicht genau!«, blies er Trübsal auf die Tischplatte. »Sie ist ausgezogen!«

»Oh! Sorry«, meinte Franziska.

»Halt! Stopp!«, rief ich, voll der Eingebung. »Sie ist ein jüngstes Kind? Ihr hattet überhaupt nie eine Chance! Ein Ältester und eine Jüngste! Wie soll das gehen?«

Franziska und Ingmar schauten mich mit großen Augen an, denn dass ich die dauerhafte Liebe nur Menschen gleichen geschwisterlichen Ranges vorbehalten wollte, erschien ihnen krass verrückt. Aber ich meinte und meine es ernst.

Es ist ein großes Rätsel, warum der kluge Indikator des Geschwisterranges für eine gelingende Beziehung so selten abgefragt wird, wann immer Menschen daran gehen, ein Paar zu werden. Statt nach irrelevanten Kriterien wie Sternzeichen oder Hochschulabschluss (Bill Gates, seit jüngstem wieder verfügbar, hat übrigens keinen Hochschulabschluss. Mark Zuckerberg würde ebenfalls durch dieses Raster fallen.), sollten Paarungswillige sich besser erkundigen, welche Art von Geschwisterkind der Anwärter ist.

Es ist nicht überliefert, worüber Loki und Helmut Schmidt bei ihrer ersten Zigarette hinterm Schulhof sprachen, aber sie waren beide älteste Kinder, von den Eltern mit hohen Ansprüchen und Aufgaben überhäuft, und hatten sicher im Qualm einiges zu beseufzen. Das gegenseitige Verständnis reichte dann für fast siebzig Jahre Ehe aus.

Meine mittlere Schwester ist mit einem mittleren Bruder verheiratet. Vor kurzem hatten sie eine Reifenpanne mit ihrem Motorrad. Etwa hundert Meter vor einer Werkstatt. Sie haben den Reifen selbstverständlich allein und ohne fremde Hilfe gewechselt, weil sie mittlere Kinder sind.

Wenn Ihnen das Beispiel allzu brav vorkommt: Bonnie und Clyde waren mittlere Geschwister. Die kamen auch allein klar. Sogar beim Geldabheben. Mittlere Kinder müssen ja alles selbst hinkriegen, weil die Mutti sich immer nur um das Nesthäkchen kümmert, diesen süßen Kleinen, der sich auch mit sieben Jahren noch nicht die Schuhe zubinden kann.

Meine Schwester zum Beispiel hat sich allein die Schleife beigebracht, wozu sie heute noch eine Technik benutzt, die physikalisch eigentlich nicht möglich ist und an einen Schlingentrick von Houdini erinnert. Meine mittlere Schwester hat zudem ein Einskommanull-Abi hingelegt, was unsere Mutter damals wirklich verblüffte, weil sie dachte, meine mittlere Schwester wäre noch in der elften Klasse.

Wenn meine Schwester also mit einem jüngsten Bruder verheiratet wäre, hätte dieser darauf bestanden, zur nahen Werkstatt zu rollen, damit ein Mutti-Ersatz namens Kfz-Schlosser den Reifen wechselt, was meine mittlere Schwester wiederum als »albern« oder »lächerlich« bezeichnet hätte und den Rest an Beziehungsdynamik kann man sich denken.

Ich bin als ein jüngster Bruder seit zwanzig Jahren mit einer jüngsten Schwester verheiratet. Jeder weiß das, der uns jemals beim Abendbrot hat reden hören. »Hör mir mal zu!« »Nein, hör du mir mal zu!« »Ich will aber was sagen!« »Ich will auch was sagen!« »Du kannst ja gleich was sagen, wenn ich was gesagt habe!« »Merk dir, was du sagen willst, dann kannst du es ja nachher noch sagen!« Eben jüngste Geschwister, überzeugt von der eigenen Wichtigkeit und Besonderheit, aber auch ein bisschen charmant, weil man als Jüngstes enorm viel Charme braucht, um immer ein älteres Geschwister zu finden, das einem die Schleife bindet. Natürlich gibt es in all dem Nesthäkchen-Eifer auch Streit, aber Paare aus gleichrangigen Geschwistern wie wir haben ein unschätzbares Bindemittel, über das Paare aus ungleichen Geschwistern nicht verfügen. Das gemeinsame Ablästern über die älteren oder jüngeren Geschwister der eigenen Herkunftsfamilien. Ich muss nur die halbe Handynachricht

»Denk bitte dran, dass ...« vorlesen, und schon giggelt meine Frau. »Deine älteste Schwester! Stimmts?«.

Gut, meine älteste Schwester ist mit einem Einzelkind verheiratet, aber Einzelkinder sind so was wie Joker. Erzogen wie ein Erstes und verwöhnt wie ein Letztes. Die können wahrscheinlich mit allen. Oder keinem.

Mehr auf Eheglück getrimmte Gesellschaften als der individualistische Westen wussten schon immer, dass es eine Rolle spielt, mit welchem Geschwisterkind man es zu tun hat. In Bali gibt es deswegen nur vier Vornamen, die jeweils Auskunft darüber geben, als welches Kind man geboren wurde. Begegnet sie einem »Wayan«, weiß eine Balinesin sofort, dass ihr ein pflichtbewusster Erstgeborener gegenübersteht. Dieser wiederum erkennt in jener Balinesin ein zweitgeborenes Improvisationstalent, weil sie »Made«, also »in der Mitte«, heißt. Über die Befindlichkeit eines weiteren Mannes müsste Fräulein Made nicht lange rätseln, sobald er sich als »Komang« vorstellt, was nun wieder »Baby« oder »verwöhntes Kind«, also Dritter heisst. Das mag für deutsche Ohren peinlich klingen, und sicher hätte niemand hier einen Bundeskanzler namens »Baby« Kohl gewählt, der ein drittes Kind war. Schließlich gibt es auf Bali noch »Ketute«, was so viel wie »nicht gewollt« heißt, da es mit Dreien eigentlich gut sein soll. Aber auch Nichtgewollte können und dürfen sich wollen.

»Deine Theorie in allen Ehren«, meinte Franziska jetzt, »aber ich bin eine Jüngste, sehr praktisch veranlagt, brauche wenig Aufmerksamkeit, und verstehe mich mit meinem Mann, der ein mittlerer Bruder ist, ausgesprochen prächtig.«

»Genau, alles Quatsch«, sagte Ingmar jetzt mit schwerer Zunge. »Außerdem habe ich Anna nicht deswegen öfter am Tag angerufen, um sie zu erinnern, was sie noch alles machen wollte, weil ich ein älterer Bruder bin, sondern weil sie so vergesslich war.«

»Sie war so vergesslich, weil sie es gehasst hat, dauernd erinnert zu werden«, warf ich ein, aber Ingmar konnte wie alle älteren Brüder sich nicht mit den Augen eines jüngeren Geschwisterkindes sehen.

»Pseudowissenschaft«, sagte Franziska schnippisch, schnappte sich ein Handtuch und nahm Ingmar gleich mit, weil sie ihm Doreen vorstellen wollte, was sie nicht getan hätte, wenn Anna noch mit Ingmar und so.

Vier Wochen später traf ich Franziska auf der Straße. Besser gesagt, sie traf mich. Ich hatte sie gar nicht gesehen. Sie kam aufgeregt von der anderen Straßenseite herübergelaufen.

»Ich wollte mich bei dir entschuldigen«, sprach sie, »wegen der Pseudowissenschaft.«

Ich sagte, ich hätte das nicht persönlich genommen.

»Es ist nämlich so«, meinte Franziska, »mein Vater ist unlängst an einem Herzinfarkt gestorben, und da hat sich bei der Testamentseröffnung herausgestellt, dass er gar nicht von Dienstag bis Donnerstag auf Dienstreise in Süddeutschland war ...«

»Du meinst, nicht die viele Arbeit hat ihn so aufgerieben?«, fragte ich.

»Nein. Ich habe noch einen Bruder in Stuttgart«, sagte Franziska. »Ich bin eine mittlere Schwester.«

Ich nahm sie in den Arm, aber sie meinte: »Ich komm' klar.«

Rosi

Großvater war in seinen Achtzigern, aber noch recht rüstig. Die Kraft war noch stark in seinen Händen, wenn er mit der schweren Heckenschere die Hecke schnitt. Sein Gang war fest, wenn er mit der Kartoffelkiepe vom kleinen Feld in seinem Garten kam. Aber aus irgendwelchen Gründen nahm seine Familie – also die seines Sohnes, denn Großvater war schon länger Witwer – an, dass ausgerechnet die Kraft seiner Lenden ihn bereits verlassen hätte. Vielleicht dachten sie, dass ein Mann, der nicht mehr gut sah und schwer hörte, keine Impulse mehr aus der Welt des Fleisches empfangen würde. Vielleicht dachten sie, dass ein Greis, der die Vögel auf seinem Fensterbrett fütterte, keine andere Zerstreuungen mehr bräuchte.

Jeden Sonntag aß Großvater mit der Familie. Doch an diesem Tag bat ihn sein Sohn nach dem Essen, noch in der Küche zu bleiben, während er seine Kinder hinausschickte. »Vater, ich muss mit dir reden«, sagte der Sohn, »es geht um das Andenken unserer Mutter, um das Ansehen unserer Familie.« Großvater hob fragend die weißen Augenbrauen. »Vater«, sagte der Sohn, »du wurdest vom Postboten überrascht, wie du mit der Rosi auf dem Kanapee lagst.« Das entsprach den Tatsachen.

Wie viele ältere Menschen auf dem Dorf schloss auch Großvater seine Haustür tagsüber nicht ab, und der Postmann war es gewohnt, die Pakete auf den Küchentisch zu stellen, egal, ob Großvater daheim war oder hinten im Garten. Da Großvater nicht mehr gut hörte, hatte er natürlich den Postboten nicht kommen hören. Umso weniger, da er selber gerade kam. »Was ist dabei?«, fragte Großvater. »Ich muss das am Nachmittag erledigen. Abends bin ich zu müde!«

Sein Sohn räusperte sich und erklärte, dass die Rosi keinen guten Ruf im Ort genieße, da sie früher mal ein loses Frauenzimmer gewesen sei. Großvater meinte, dass ihm das egal wäre, da die Rosi jetzt sechsundsiebzig Jahre alt sei und er nicht ihren guten Ruf genießen wolle, sondern sie selbst. Denn im Gegensatz zu den anderen schon lange vor dem Witwenstand vertrockneten Vetteln, die sonst noch im Dorf herumwackelten, wisse die Rosi, was einem Mann guttäte.

»Mutter würde sich im Grab umdrehen, wenn sie wüsste, was du hier tust!«, warf ihm sein Sohn vor, aber Großvater meinte, er sei sechzig Jahre treu wie Gold gewesen und er habe sich damit das Recht erworben, die Rosi zu vögeln, wie und wann er wolle. Er habe die Rosi schon als Jüngling vögeln wollen, aber da habe er noch Bedenken gehabt, weil sie so ein »Wanderpokal« war.

»Du hast schon einmal eine Herzattacke gehabt«, warnte ihn sein Sohn. Großvater meinte, er solle sich keine Sorgen machen. Sie würden es langsam angehen. Und im Gegenteil, es halte ihn frisch und gesund. »Du hast so vieles, was dich gesund hält«, meinte jetzt seine Schwiegertochter, »den Garten, deine Fahrradtouren, deine Enkel. Ab einem bestimmten Alter sollte man das einfach nicht mehr tun. Es ist ...«, sie suchte nach einem Wort, »unappetitlich.«

Großvater erklärte, Rosi würde ihm schmecken, vor allem nach dem Kräuterlikör, mit dem sie sich vorher in Stimmung bringen würden. Und er wolle damit ja nicht andere Leute unterhalten. Damit stand er auf und sprach, er müsse jetzt die Äpfel vom Baum holen.

Sein Sohn und seine Schwiegertochter saßen danach noch in der Küche und schwiegen. Nach einer Weile sagte die Schwiegertochter zu ihrem Mann: »Wenn ich vor dir sterben sollte, versprich mir, dass du nicht mit Vicky Schröder aus der Parallelklasse ins Bett gehst! Auch nicht mit neunzig!«

Stefan Schwarz @schwarzseher

Wenn man Limobier französisch ausspricht, darf man noch eins bestellen.

Zwei Robben auf einem Trampolin

Im Jahre 1998 stand ich in der Bettenabteilung eines großen Möbelhauses und fragte mich, in welcher Zukunft ich schlafen wollte. Sollte diese Zukunft einen Meter zwanzig, einen Meter vierzig oder einen Meter achtzig breit sein?

Ich war seit einiger Zeit wieder auf dem Markt als alleinerziehender Vater eines zwar allerliebst anzuschauenden, aber scheidungsbedingt dann doch verhaltensoriginellen blonden Knaben im Kindergartenalter und das alles galt es zu berücksichtigen. In einer durchaus bescheidenen Zukunft, wo ich einzig nächtens mein Bettdeck aufheben musste, um den von Albträumen geplagten Sohn einzulassen, würde eine Breite von eins zwanzig sicher reichen. In einer schon besseren Zukunft, wo hin und wieder mal eine Bekanntschaft nach dem Beischlaf wieder aus der Wohnung zehenspitzte, wären eins vierzig wohl angemessen. Und in einer fantastischen Zukunft, wo der schlafwuscheligen Ein-für-alle-Mal-Geliebten morgens das teuflische Goldlöckchen auf die Decke hopste und schrie: »Möchtest du meine neue Mama sein und immer mit mir spielen, was ich will?«, da sollten es dann schon besser eins achtzig sein.

Gewillt, kein wie auch immer beschränktes Leben zu akzeptieren, entschied ich mich für Letzteres. Es wurde ein schlichtes Stahlgestell mit einem Kopfteil aus ebenso stählernen Profilen, auf dass der Leidenschaft Halt und Griff geboten sei, und natürlich mit einer einzigen durchgehenden Matratze. Besucherritzen waren was für alte Eheleute, die einander »Bis morgen!«

grummelnd den mit Franzbranntwein eingeriebenen Rücken zudrehten. Zufrieden baute ich das Bett daheim auf, warf mich hinein und ließ auch den Sohn probehopsen. Nichts quietschte. Es war alles wunderbar.

Sie merken schon, ich war jung und hatte über dem Ausmessen meiner Zukunftserwartungen den eigentlichen Zweck von Betten vergessen. Schlaf. Denn als die Ein-für-alle-Mal-Geliebte endlich mit mir das Lager teilte und die fantastische Zukunft begann, rappelte sich meine Frau zehn Minuten danach aus meinem Arm und riss das Fenster auf.

»Ist so stickig hier«, sagte sie.

Ich kannte das Wort gar nicht. Stickig. Ich hatte stets als urgesunder Nacktschläfer unter leichter Decke in wohltemperierten Zimmern geschlummert, mochte draußen auch der kalte Nordwind gegen die fest verschlossenen Fenster blasen. Wenn ein Traum es erforderte, dass ein Bein auf die Decke gelegt oder ein halber Leib freigerappelt werden musste, so geschah dies ohne Bemerken. Es stellte sich heraus, dass meine Frau aus einer Sippe altdeutscher Fenster-Öffner stammte, die nur in direktem Kontakt mit dem Nachtwetter schlafen können, selig schnorcheln, wenn eisigen Böen ihnen über die Stirn streichen, und auch tagsüber darauf achten, dass das Schlafzimmer ungeheizt bleibt, damit man abends ins »herrlich frische« Bett steigen kann. Damit hatte sich relativ schnell das Nacktschlafen erledigt und ich wickelte mich so schnell als möglich in meine dicke Daune, um die Nacht ohne Frostschäden zu überleben.

Hinzu kam, dass meine Frau und ich keine besonders guten Synchronwälzer sind. Synchronwälzen ist keine Sportart, sondern die intuitive Fähigkeit, sich im Bett dann umzudrehen, wenn der andere sich umdreht, um zu verhindern, dass man sich im Schlaf unerwartet berührt. Bei uns aber hängt immer einer hinterher. Dann lungern wir schlafend mit angewinkelten Armen voreinander rum, als begänne gleich ein Armdrücken im Liegen und es dauert nicht lange, dann sinkt einer meiner Finger sanft in einen der ihren. So unheimlich sanft wie eine Vogelspinne mit ihren haarigen Beinen einem auf den Finger krabbelt. Oder ein Skorpion mit seinem zart tastenden Stachelschwanz ein erstes Mal Maß nimmt.

Dementsprechend panisch zucke ich zusammen. Es ist nur ein kurzes Zusammenzucken, auch hier und da mal ein Aufschrei, aber nichts Großes, dann habe ich die Situation wieder realisiert und drehe mich um, um weiterzuschlafen. Nicht so meine Frau. Wenn ich mich vor ihren Fingern erschrecke, erschrickt sie erst recht und ist sofort knallwach. Keine Frau mag es, wenn man vor ihr zurückzuckt. Zur Strafe wirft sie sich dann schlaflos herum, was auf einer durchgehenden Matratze wiederum mich aus meiner wohlgefälligen Lage hebt, sodass wir uns manchmal halbe Nächte hin und her hopsen lassen wie zwei verrückte Robben auf einem Trampolin. Gott sei Dank schlafe ich leicht wieder ein.

»Du schläfst mit Absicht so schnell wieder ein«, behauptete meine übermüdete Frau eines Morgens, »um mir zu zeigen, dass dich mein Wachsein nicht interessiert. Ich bleibe manchmal nur wach, weil ich so wütend bin über dein schnelles Wiedereinschlafen.«

»Nein, das stimmt nicht«, verteidigte ich mich. »Ich schlafe nur deswegen so besonders leicht wieder ein, weil ich weiß, dass du noch wach bist und auf mich aufpasst.« Weil das meine Frau nicht so tröstete, fügte ich an: »Außerdem leiden intelligente Frauen stärker unter Schlaflosigkeit. Wer nichts zu denken hat, bei dem geht der Vorhang schnell wieder zu.« Da lächelte sie müde und mahlte sich einen doppelten Espresso.

Früher, ganz am Anfang, nutzten wir unvermutetes nächtliches Erwachen noch, um uns schnell wieder müde zu lieben, aber mittlerweile hat wohl ein Effekt eingesetzt, vor dem schon vor hundert Jahren die Feministin und Sexualforscherin Marie C. Stopes in ihrem Standardwerk »Das Liebesleben in der Ehe« warnte. Stopes war eine entschiedene Gegnerin des gemeinsamen Schlafzimmers, weil dadurch der Partner »den unschönen, oft lächerlichen Vorgängen der Toilette beiwohnen« müsse, und dadurch »langsam, aber sicher die Freude des einen an dem anderen abstumpfen« werde und die Kraft der Begierde erlahme. Niemand sollte zugegen sein müssen, wenn der andere gerade im Schlaf sich krächzend räuspert, greisenhaft hüstelt oder mit einem vom Schnupfen verstopften Nasenloch erbärmliche Fiepsgeräusche von sich gibt. Ich verstand, dass meine Frau sich nicht mehr nachts so umstandslos von mir erwärmen ließ wie früher. Eben hat er noch ganz erbärmlich durch ein Nasenloch gefiepst, dachte sie bestimmt, jetzt soll ich plötzlich irre vor Begehren werden? Ja, fast klang es so, als wäre die Achtung zwischen den Geschlechtern in dem Moment verloren gegangen, als man sich aneinander nicht mehr nur in Bestform zeigte.

»Ich überlege, ob wir unsere Schlafzimmer auseinanderlegen«, erklärte ich testhalber einer Runde guter Freunde, »wegen unüberbrückbarer Schlafdifferenzen.« Ich schaute schuldbewusst, denn schließlich gesteht man nicht leicht, dass man sich auseinandergeschlafen hat. Doch alle rissen die Augen auf. »Ihr schlaft noch zusammen? Was ist das denn für ein Quatsch? Wollt ihr eure Gesundheit ruinieren?« So stellte sich heraus, dass wir die einzigen waren, die noch bei Wind und Wetter, bei Gesundheit und Krankheit in einem Doppelbett schliefen.

Alle anderen hatten schon längst, zum Teil sehr früh, zum Beispiel bei Überfüllung des Bettes durch einmarschierende Kinder oder aus »Arbeitsgründen« das Weite gesucht. Und waren dort geblieben.

»Die Kinder sind aus dem Haus«, sagte ich danach zu meiner Frau, »wir müssen keinem mehr was beweisen. Und da sich unser Liebesleben auf zwei sehr regelmäßige Termine pro Woche eingepegelt hat, spricht nichts dagegen, dass wir unseren unterschiedlichen Schlafgewohnheiten in unterschiedlichen Zimmern nachgehen und uns anlassbezogen mal bei dir, mal bei mir treffen.« Die Frau wars zufrieden.

Wir sagten dem alten Doppelbett ade und erwarben zwei einzelne Boxspringbetten. Ich kam mir vor wie ein englischer Lord, als ich nach dem Termin meine Frau zur guten Nacht auf die Stirn küsste und mich »in meine Gemächer« zurückzog. Warf mich nackt ins Bett, grunzte und hustete probeweise und hopste sogar mit dem Hintern auf und nieder, ohne dass Stoßwellen andere Leiber hoben. Ich schlief nicht ganz leicht ein, weil mein Ohr ein nahes Rascheln vermisste, auch wachte ich nachts auf, weil meine Hand aufs Laken gefallen war, ohne eine andere zu finden. Schließlich war mir auch trocken in Hals und Nase, was nur von der als stickig zu bezeichnenden Luft herrühren konnte. So wälzte ich mich große Teile der Nacht unruhig umher und freute mich mau, dass ich damit niemanden aufweckte.

Am nächsten Morgen saßen meine Frau und ich stumm und verquollen beim Frühstück.

»Und? Wie war deine Nacht?«, erkundigte ich mich endlich. Meine Frau sah mir ins Gesicht, wo graublaue Augenringe wie Morcheln schon Auskunft über die meine gaben.

»Man kann diese Betten übrigens auch einfach zusammenstellen«, sagte sie, und wir beschlossen, einander wieder zur Last zu fallen. Nur eben mit Besucherritze. Aber ohne Franzbranntwein.

Hoch die Hände!

Die Veranstaltung beginnt in einer halben Stunde. Wir stehen draußen rum und reden. Da geschieht das Unfassbare! Ein Mann kommt auf mich zu und will mir die Hand geben. Genauso gut könnte er mir eine Handgranate zuwerfen! Der Mann kommt offensichtlich aus der Vergangenheit. Wir leben im Hygienozän! Die Seuche hat den Handschlag abgeschafft. Selbst kultivierte ältere Frauen, die Gangster-Raps für eine Feldfrucht halten, begrüßen sich heute höchstens mit der Ghettofaust. Verantwortungsvolle Menschen stoßen überhaupt nur mit den Fußspitzen zusammen.

Ich bin ja froh, dass ich keinem mehr die Hand geben muss. Ich bin ein Handschwächling. Mein Vater, der in seinem Leben nie ein Fitnessstudio von innen gesehen hatte, besaß einen Griff wie ein Schraubstock. Wenn er sich beim Waschen im Altenheim zufällig am Oberarm des Pflegers festhielt, ging dieser schreiend in die Knie. Keine Ahnung, wie ein Mensch, der sein Leben lang nur Papiere umgeblättert hat, zu so einem Griff kam. Ich hingegen, der ich den Kletterschein, den Segelschein und den Schein für fortgeschrittenes Erzgebirgsdrechseln habe, also durchaus an Felsvorsprüngen hängen, Leinen und Taue durch Klampen und um Poller ziehen und Meißel gegen rotierendes Holz stemmen kann, habe einen Handschlag, so weich, dass Menschen, die ich begrüße, sofort noch die andere Hand dazunehmen, weil sie fürchten, ich würde in der nächsten Sekunde ohnmächtig zu Boden sinken. Ich habe auch noch nie in meinem Leben ein Gurkenglas aufgeschraubt bekommen. Wenn meine Frau auf Dienstreise ist, lasse ich das Gurkenglas gleich von der Kassiererin im REWE öffnen.

Ich war einfach nie gemacht für die brutale Welt des abendländischen Handschlags. Schon wenn einer mit ausgestreckter Hand auf mich zukam, überlegte ich, ob er ein Quetscher, ein Daumensehnenpreller oder ein Schulterrupper ist. Der Quetscher schlägt erst ganz normal ein, aber nur, um dann im Fingergewühl nach den empfindlichen Knorpeln und Gelenken des Begrüßten zu suchen, die er zusammenquetschen kann, während er dabei freundlich lächelt. Der Daumensehnenpreller hingegen rammt seine Hand mit aller Kraft in die des Anderen, als wolle er seinem Gegenüber die Daumensehne mit stumpfer Gewalt durchtrennen. Der Schulterrupper aber nimmt die Hand des Einschlagenden und reißt sie herzlich so lange hin und her, bis das Schlüsselbein fast aus der Halterung springt.

Eine Ohrfeige zur Begrüßung hätte weniger Schadpotential. Zumal bei einer kurzen Begrüßungsohrfeige eindeutig weniger Keime übertragen werden. Hände sind bekanntlich die Klobürsten unter den Körperteilen und niemand weiß, wo die Hände des Gegenübers noch vor kurzem waren. So was klebt dann für halbe Minuten fest aufeinander und schmiert Schweiß und Ohrenschmalz und Keim ineinander.

Eigentlich ist der Handschlag eine Art Armdrücken zwischen Bakterien um die Frage, wer wen ansteckt. Kein Wunder, dass der weise Asiate den europäischen Handschlag verschmäht. Nun ist der Handschlag endlich geächtet und siehe da: Die letzte Grippewelle fiel aus. Doch das Bedürfnis nach Begrüßung bleibt. Was tun? Ich schlage den Hüftbums vor, den wir Älteren alle aus dem Siebzigerjahre-Hit »Lady Bump« kennen. Dazu stellt man sich kurz nebeneinander, hebt die Arme und kickt die Hüften aneinander. So stiftet man keimarm Gemeinschaft und wenn man zwanzig Leuten auf diese Weise Hallo gesagt hat, braucht man auch keinen Pilateskurs mehr.

Stefan Schwarz @schwarzseher

Von allen FFP2-Masken, die ich trug, ist mir die Binzer Fischbrötchenmaske am nachdrücklichsten in Erinnerung geblieben.

Putzige Freunde

Es war Donnerstagnachmittag und ich kniete vor dem Klo. Meine Frau kam vorbei und wunderte sich. Gefragt, warum ich an einem Donnerstagnachmittag das Klo putze, wo doch der Herrgott für das Kloputzen den Samstagvormittag erschaffen habe, erklärte ich, dass meine ältere Schwester nebst Gemahl auf dem Weg vom Urlaub nach Hause spontan bei uns zu Besuch kommen wolle.

»Als Paul neulich vorbeikam, hast du nicht mal das Geschirr in den Geschirrspüler geräumt«, meinte das Weib. Es ist ein bisschen rätselhaft, aber tatsächlich kommen bei Besuchen von Freunden und Verwandten bei uns unterschiedliche Reinigungsgrade der eigenen Wohnung zur, ich will mal sagen, Aufführung.

Wir haben Freunde, für die ich höchstens den Tisch abwische und es gibt Verwandte, für die ich auch noch die Hinterseite der Heizkörper mit einem Spezial-Puschel entstaube. Nicht immer liegen die Beweggründe dafür auf der Hand.

Bei Paul war es noch einfach. Ich mag ihn zu sehr, um ihn mit einer gediegenen Haushaltung zu konfrontieren. Wenn wir zu Paul kommen, räumt er meistens irgendwas beiseite und sagt: »Sucht euch was, worauf ihr sitzen könnt. Ich mach mal einen Kaffee!«

Dann hört man ihn in der Küche irgendwelche fleckigen Pötte kalt ausspülen. Paul glaubt, dass Ordnung seine künstlerische Inspiration vernichtet, und ich lasse ihm das. Das nennt man Freundschaft!

Anders verhält es sich mit meiner großen Schwester. Hier gilt es, nach allen Seiten zu prunken und zu prahlen. Ich würde das Klo sogar noch schnell putzen, wenn sie unten an der Tür klingelt. Meine Schwester hat ihr Leben lang »hart gearbeitet«, und ihr ist »nichts in den Schoß gefallen«. Deswegen ist es für mich als kleinem Bruder enorm wichtig, in meinem Leben wie in meiner Wohnung alles so aussehen zu lassen, als sei es mir zugeflogen. Sie soll sehen, dass Leichtigkeit existiert, auch wenn es für mich krassen Stress und Schinderei bedeutet, diesen Eindruck herzustellen. Vor allem ist es unbedingt notwendig, das Klo zu putzen, denn meine große Schwester muss gern mal nach dem Kaffee »wohin«, um zu gucken, wie es da ist. Wenn sie sehen würde, dass das Klo mal wieder einen Putzlappen braucht, würde sie sich nur in ihrem Weltbild bestätigt fühlen, dass meine betonte Lässigkeit mit Nachlässigkeit im Sanitärbereich erkauft ist.

Das weiß ich, weil meine große Schwester der einzige Mensch ist, der sich die Brille aufsetzt, bevor er in unser Bad geht. Dann gibt es noch Freunde, für die ich nie die Küche wische, egal, wie sie aussieht, weil sie krümeln. Krümelnde Freunde, so reinlich sie selber sein mögen, dürfen nicht erwarten, dass ich ihnen vor- und hinterherwische. Wahrscheinlich schütteln sie heimlich den Kopf über die fleckigen Küchenfliesen, aber da ihnen eben bei diesem Kopfschütteln immer Krümel aus den Mundwinkeln fliegen, schließt sich hier ein Teufelskreis.

Und doch sind Besuche von Freunden und Verwandten wichtige Antriebe der Wohnungspflege. Als die Seuche den freundschaftlichen Verkehr lahmlegte, merkten wir, wie nach und nach eine dreckige Behaglichkeit bei uns einzog, die Zahnpastareste im Waschbecken als natürlichen Teil des familiären Ökosystems akzeptierte. »Na ja gut«, sagte die Frau, nachdem ich mich putzwarm von den Knien erhoben hatte. »Aber eigentlich wäre unsere Tochter mit dem Kloputzen dran gewesen!« »Ich habe Tante und Onkel eine Message geschrieben, dass sich meine Eltern total freuen würden, wenn sie bei uns Station machen«, rief die Trollprinzessin aus ihrem Zimmer. »Ich will Samstagvormittag shoppen gehen!«

Stefan Schwarz @schwarzseher

Scheuerleistenreinigung finde ich ja zum Niederknien.

Herrlich, die Unglücklichen!

»Nein, es wird sich jetzt nicht getrennt!«, schimpfe ich. »Dieses Getrenne geht mir langsam auf den Senkel! Menschen haben nicht nur Partner, Menschen haben auch Freunde. Und die zählen auch. Ich habe die beiden zum Plätzchenbacken eingeplant und dabei bleibt es.« Ich stehe in der Küche und muss gerade erfahren, dass sich mein Freundeskreis ein neuerliches Mal lüftet.

Meine Frau hat Hanna »am Apparat«, wie man früher sagte, tatsächlich aber per Handy am Ohr, und teilt mir mit, dass ich meine Einkaufsliste aktualisieren, sprich reduzieren soll. Aus wichtigem Grund. Hanna und René wollen getrennte Wege gehen. Und diese Wege führen nicht zu unserem alljährlichen Adventsbacken.

Ich fasse es nicht. Wir hatten in den letzten fünf Jahren drei Abgänge im vertrauten Pärchenzirkel. Man kann es schon gar nicht mehr richtig als Freundeskreis bezeichnen. Es wird langsam ein Dreieck. »Sag ihr Dankeschön dafür, dass sie ihre Vorhaben mit uns teilen, aber die Antwort ist nein! Ein Freundeskreis ist so was wie der UNO-Sicherheitsrat und jetzt gibt es eben mal ein Veto!« Meine Frau verdreht die Augen und sagt zum Telefon: »Er muss erstmal damit klarkommen!«

Die Ansage an Hanna, dass ich nur aus lauter provisorischen, vorübergehenden Meinungen bestehe, die man nicht ernst nehmen müsse, bringt mich erst recht zur Raserei. »Ich komme nicht damit klar!«, rufe ich jetzt zum Handy hin. »Ich lasse mir das nicht länger bieten. Ich habe Verbindungen zur Mafia. Ich kann dafür sorgen, dass ihr zusammenbleibt!«

Meine Frau hält jetzt das Mikro vom Handy zu, weil sie um meinen guten Ruf fürchtet. Dann ermahnt sie mich, einzusehen, dass Hanna und René doch nun schon länger nicht mehr richtig zusammenpassten. »Es ist mir egal, ob sie zusammenpassten«, erkläre ich trotzig. »Sie passten in unseren Freundeskreis. Wenn sie darüber hinaus nicht miteinander klarkommen, ihr Pech. Ich komme gut mit ihnen klar. Mit ihm kann man sich wunderbar über Traumdeutung austauschen und sie kann man fragen, wie man einen lecken Wasserhahn wieder dicht kriegt. Sie sind wie Theorie und Praxis, bloß als Menschen verkleidet.«

»Sie sind unglücklich!«, zischt mich meine Frau jetzt scharf an und sagt dem Handy dann kurz, aber oberfreundlich: »Einen Augenblick, bin gleich wieder für dich da!«

»Ja, aber das war doch wunderbar!«, flüstere ich, weil meine Frau droht, mit dem Handy rauszugehen. »So lebten sie ganz für ihre Freunde! Wer will denn Glückliche mit ihren Glücksgeschichten? Aber die Unglücklichen, das sind die Geselligen! Denkst du, ich habe nicht gemerkt, wie froh sie immer waren, wenn sie zu uns zum Plätzchenbacken, Ostereierfärben oder sonst was kommen konnten und mal ausspannen durften von daheim. Und dann die vertrauten Einzelgespräche im Nebenzimmer, wo sie sich so richtig ausheulen konnten! Willst du, dass das alles zu Ende ist?«

Meine Frau überlegt jetzt ernsthaft, ob das irgendwelche neue Nebenwirkungen meines Medikaments sind oder ob vor ihr der wie immer erst einmal verkannte Reformator der Freundes-Ethik im 21. Jahrhundert steht.

»Ich hab's!«, sage ich plötzlich. »Wir machen es wie bei einem Mietvertrag. Da kann man auch nicht so Hals über Kopf ausziehen. Also Folgendes: Sie bleiben noch drei Monate zusammen und trennen sich erst, wenn sie uns ein paar Nachfreunde organisiert haben. Gib Sie mir mal!« Ich lange nach dem Telefon.

»Ich rufe zurück, Hanna!«, sagt meine Frau hastig und legt auf. Dann sieht sie mich kritisch an. »Vielleicht trennen sie sich gar nicht. Vielleicht wollen sie einfach nicht mehr mit einem Wahnsinnigen befreundet sein!«

Stefan Schwarz @schwarzseher

In der Küche meiner Freunde gibt es keine Kaffirlimettenblätter und keine Tonkabohnen, und ich frage mich gerade, wie Assi man eigentlich sein kann.

Die Pistole des kleinen Mannes

Ich habe keinen Hund, weil ich in der Stadt lebe. Es ist nicht so, dass ich mich davor ekeln würde, Hundekot aufzusammeln, ich mag es nur nicht als Morgen- und Abendritual. Oft sehe ich Menschen durch den Park spazieren und schon gut gefüllte Kotbeutel munter in der Hand schwingen, während herrlich leergekackte Hunde vor ihnen herumtollen. Manchmal ist aber auch weit und breit gar kein Hund zu sehen, und vielleicht ist da einer nur mit einem gefüllten Hundekotbeutel unterwegs, weil er sich auf diese Weise sicher fühlen kann, da noch nie ein Mensch überfallen wurde, der sichtbar mit einem Hundekotbeutel bewaffnet war.

Ja, der Hundekotbeutel ist gewissermaßen die Pistole des kleinen Mannes. Ich möchte das trotzdem nicht. Ich weiß, dass Hunde lustige Gesellen sind, Antidepressiva auf vier Pfoten, die immer angelaufen kommen, um zu gucken, wie Herrchen oder Frauchen so drauf sind, was diesen wiederum eine ordentliche Prise Anerkennung verschafft, aber der Handel »Du guckst mich voller Begeisterung an und dafür trage ich deine Fäkalien« scheint mir unausgewogen. Deswegen kein Hund.

Im zivilisatorischen Gesamtbild allerdings ist mir die Entwicklung des Homo sapiens vom Großwildjäger zum Kleinkotsammler durchaus angenehm, denn keiner will Tretminen auf dem Trottoir. Doch es gibt offenbar einen Punkt, wo dieses Nichtwollen von Hundehäufchen in peripandemische Überreiztheit übergeht. (Sorry für das gestelzte Adjektiv, aber Studienabbrecher müssen ihren Defekt immer mit viel Kunstlatein zukleistern.) Jemand hat nämlich in meiner Gegend liegengebliebene, nicht aufgesammelte und also erst recht nicht eingetütete Häufchen auf dem Gehweg mit neonpinkfarbenem Markierspray eingekreist. Sieht aus wie eine Installation von Christo.

Gesprüht sind sie allerdings im Geist dieser handgeschriebenen Zettel, die manche Leute unter die Scheibenwischer von Autos kleben, die vor ihrer Einfahrt parken. Zettel, auf denen das parkende Auto quasi mit Worten »zertrümmert« wird wie mit verbalen Baseballschlägern. Hier ist der Großschreibung und der Ausrufezeichen kein Ende. Wird der neonpinke Sprühwutbürger mit seiner Aktion Erfolg haben? Ich bezweifle es. Aus eigener Erfahrung.

Bisweilen legt mein Weib mir die getrocknete Wäsche auf den Lesesessel, damit ich sie zusammenfalte und in den Schrank lege, bevor ich es mir dort bequem mache. Manchmal legt sie sie mir auch auf den Arbeitstisch, wenn sie weiß, dass ich heute mehr Zeit am Tisch verbringe. Und hin und wieder steht auch der pralle Müllsack so vor der Tür, dass man die Wohnung nicht verlassen kann, ohne ihn, ich sage mal, zu bewegen. Ich nenne das »erzieherische Unübersehbarkeit«. Weniger feine Psychologen würde es »passiv-aggressiv« nennen, aber das ist es nicht.

Es ist nur so, dass hier der Wunsch, auf etwas aufmerksam zu machen, in eine Art autoerotische Ekstase verfällt, und sich darüber nicht mehr fragt, ob damit irgendwas erreicht wird -- außer, dass der Aufmerksamgemachte sofort keine Lust mehr dazu hat. Ich bin mir aber sicher, dass, wenn meine Frau auch nur einmal mit einem turmhohen Stapel zusammengelegter Wäsche auf der linken Schulter und dem schweren Müllsack in der Rechten sich in mein Zimmer schleppen und mich ächzend bitten würde, ihr nur kurz die Schranktür aufzumachen, ich vor lauter Beschämung beim nächsten Mal schon aufspringen und die Schranktür aufmachen würde, bevor sie überhaupt noch diese Bitte äußert.

Stefan Schwarz @schwarzseher

Ich habe dem Teddy meiner Tochter einen neuen Pullover gewaschen.

Ignoriert und untergrüßt

»Alles in Ordnung«, sagt der Doktor, »Sie können sich wieder anziehen!« Nun steht es außer Zweifel, dass ich mich auch wieder anziehen könnte, wenn nicht alles in Ordnung wäre, aber Ärzte haben naturgemäß viel mit greisen Patienten zu tun, die in strengeren Gehorsamskulturen aufwuchsen, und die gehen dann vielleicht mit nackter Brust und heruntergelassener Hose ins Freie, wenn der Doktor es nicht ausdrücklich anders ansagt. »Wir sehen uns in einem halben Jahr!«, meint der Doktor. »Und grüßen Sie Ihre Frau!« »Mach ich!«, winke ich ihm beim Rausgehen zu. »Aber Sie müssen sich hinten anstellen!«

Der Doktor guckt etwas verdutzt. Tatsächlich ist mir gerade eben aufgefallen, dass ich heute neben meinem Doktor auch noch meinen Steuerberater, meinen Gartennachbar und den Hausmeister getroffen oder gesprochen habe, welche mir allesamt auftrugen, meine Frau zu grüßen. Es wird also eine etwas längere Grußadresse. Meine Frau nimmt sie wie selbstverständlich zur Kenntnis. »Und ich habe in der Stadt deinen ehemaligen Kollegen Herrn B. getroffen«, erzählt meine Frau beim Abendbrot. »Wir haben ein bisschen geschwatzt. Er findet übrigens auch, dass zeitweilige Impotenz bei Männern im mittleren Alter absolut nichts Ungewöhnliches ist.«

Mir bleibt ein bisschen das Salamibrot im Hals stecken. Ich hätte jetzt nicht auf Anhieb gewusst, worüber ich nach so langer Zeit mit Herrn B. sprechen sollte. Schön, dass sie gleich ein Thema gefunden haben. »Hat er sonst noch was gesagt?«, frage ich.

»So zum Abschied?«

»Was soll er denn zum Abschied sagen? Er hat auf ›Auf Wiedersehen‹ gesagt!« Ich dringe noch mal in sie, aber nein, er hat mich nicht grüßen lassen. Da bereue ich es dann doch ein bisschen, meiner Frau all die herzlichen Grüße ausgerichtet zu haben. Ich fühle mich, und ich will dieses Wort hier einmal prägen, untergrüßt, und ich sage es ihr. »Bin ich denn nur eine Gelegenheit für andere, meine Frau grüßen zu können? Ein fleischgewordener Postkasten? Oder wissen die alle, dass du auf dem Dorf groß geworden bist, wo Nichtgrüßen so was wie Anspucken ist? Und ich rede hier noch nicht mal von den Menschen, die mir auftragen, ›unbekannterweise‹ meine Frau zu grüßen. Warum lassen die dich grüßen? Glauben die, dass sie dich unbekannterweise per Gruß aufmuntern müssen, dass du es jeden Tag mit mir aushältst oder was? Oder wollen sie mit dem Gruß doch eher mir helfen? Du bist bekanntlich einer der schärferen Klingen im Ehegefecht und da kann es helfen, wenn ich dich aus der Deckung mit allerlei Grüßen bewerfe. Oder – und das frage ich dich jetzt ganz offen – ist es versteckte Galanterie, eine kodierte Botschaft, die mich nur benutzt? Möchte da jemand deine reizende Person von oben bis unten mit allerliebsten Grüßen bedecken? Wir sind ja schon in den Jahren, wo man schon mal B-Listen gegen mögliche Alterseinsamkeit erstellt! Was also soll dieses ganze unverschämte, überproportionale Frauen-Gegrüße?«

Die Tochter kommt telefonierend in die Küche, um sich ihren schwarzen Tee zu holen, der schon etwas Teer geworden ist. Sie wohnt zwar noch hier, aber gibt sich alle Mühe, jeden Anflug von Familienleben zu vermeiden. »Ach, schöne Grüße an euch beide von Sascha«, meint die Trollprinzessin beiläufig. »Danke zurück«, sagt meine Frau jetzt, »aber kannst du ihm bitte sagen, dass er deinen Papa noch einmal extra grüßen soll! Es ist ihm wichtig!« Die Tochter tut, wie ihr geheißen, und geht langsam mit der Tasse davon.

Der Wille, in ihrem Leben alles anders zu machen als ihre Eltern, ist noch ein bisschen stärker geworden.

Stefan Schwarz @schwarzseher

Mein Fahrrad ist so dreckig, es ist fast schon ein Ih!-Bike.

Wieder trinken lernen

Ich sitze daheim, futtere gelangweilt Nüsse, die mir als »Knabberspaß« versprochen wurden, und gucke den »Bachelor« im Abendprogramm von RTL. Natürlich nicht zur Hirnbetäubung wie allen anderen, sondern einzig um mein intellektuelles Wissen um die Darstellung weiblicher und männlicher Reproduktionsstrategien in der Populärkultur der Bundesrepublik zu erweitern. Gerade haben der Bachelor und eines seiner favorisierten Kunstbusenwunder gesprächshalber herausgefunden, dass sie beide später mal ein Haus und eine Familie haben wollen. Was für ein krasser Zufall! Was für eine magische Gemeinsamkeit, ja, ein Fingerzeig Gottes! Sie sind ob dieser kosmischen Koinzidenz ganz aufgeregt, und sicher wird gleich geküsst!

Just in diesem Moment kommt meine Frau vom »Mädelsabend« und reißt ungewohnt schwungartig die Wohnzimmertür auf. »Bin wieder daaaa!«, ruft sie, überaus erhitzt, mit losem Mantel und losem Haar, fällt mit einem jubilierenden »Knutschi!« über mich her, prallt wieder fort und schmeißt die Tür zu.

Ich kenne sie als gesetztes Frauenzimmer, jedem Überschwang abhold. Es muss also Alkohol im Spiel gewesen sein. In hohen Dosen. Womöglich veranstaltete man Trinkspiele. Fühlte sich jung und jünger. Ob sie weiß, dass die eigentliche Resorption des Alkohols im Körper nicht auf dem Stadium der Beschwingtheit stehenbleibt?

Als der Bachelor schon sein nächstes Date hat und sich wie gehabt vor malerischer Kulisse auf einer Lümmelliege mit einer weiteren vornerum geboosterten Schminkboutique über innere Werte unterhält, fällt mir auf, dass es bei uns zu still ist für eine Wohnung mit einer betrunkenen Frau herinnen. Es fehlt – das Randalieren. Wenn mein Vater besoffen ins Bett ging, sah die Wohnung danach aus, als hätte Loriot versucht, ein Bild aufzuhängen.

Ich erhebe mich also und schaue nach. Im Bad liegt das lose Weib auf dem Duschvorleger. »Lass mich hier liegen!«, sagt sie, als ich ihr anbiete, sie auf der Matte ins Schlafzimmer zu ziehen und aufs Bett zu wuchten. Gentleman, der ich bin, decke ich sie mit einer Badestola zu. Sie will auch nichts zu trinken. Sie will nie wieder was trinken.

Ich begebe mich aufs Neue ins Wohnzimmer, wo ein Gruppendate auf den Bachelor wartet, das Simultanschach unter den Kontaktanbahnungen. Die Damen hacken mit Blicken aufeinander ein. In der Werbepause schaue ich wieder nach meiner Frau.

Liebe ist, wenn man alle zwanzig Minuten nach seiner besoffenen Frau auf dem Badezimmerboden schaut. Sie fragt, wie spät es sei. »Lass nicht zu, dass unsere Tochter mich so sieht!«, regen sich da als Erstes wieder vom Alkohol betäubte Mutterreflexe. Ich schlage vor, sie ganz zuzudecken. Unter einem Wäschehaufen vielleicht. Mit einem Strohhalm zur Luftversorgung. Dann fällt mir auf, dass sie offenbar kein Problem damit hat, dass ich sie so sehe. Doch dies ist nicht die Zeit der Vorwürfe. Jahre war das Sozialleben eingeschränkt.

Trunkenheit ist ja nicht wie Fahrradfahren, das man nie ganz verlernt. Nein, Trunkenheit muss immer wieder neu geübt werden. Selbst Weisheiten wie »Je nüchterner der Magen, desto besoffener der Mensch!« geraten offenbar in Vergessenheit, wie mir meine Frau jetzt gesteht, die den ganzen Tag nichts gegessen hat.

Dann klappt die Tür und Ihre Hoheit Trollprinzess kommt heim. Ich eile vor die Badezimmertür. »Du musst dir heute mal die Zähne im Dunkeln putzen!«, sage ich ihr.

»Wo ist Mama?«, fragt die Trollprinzessin mit feinem Gespür. »Mach einfach einen großen Schritt vom Klo bis zur Waschmaschine!«, antworte ich.

Stefan Schwarz @schwarzseher

Heute wäre ein guter Tag, um einmal Inne zu halten. Aber ich weiß nicht, wo Inne wohnt.

Ächz jetzt?

Die Trollprinzessin hat gefragt und ich habe ja gesagt. Ob ich eine Deckenleuchte aufhängen und anschließen könne in ihrer ersten eigenen Wohnung. Wie sollte ich auch nicht? Eine unschätzbare Gelegenheit, der Tochter noch einmal mein handwerkliches Geschick zu demonstrieren, zusammen mit der für meine Generation typischen Tatkraft. Durch Schicksals Würfel in Ostdeutschland aufgewachsen, mussten wir ja alles selber machen. Tapezieren, Malern, Klempnern. Handwerker gab es doch nur als Wort im Duden. »Eigentlich ist es ganz einfach«, sage ich also, und steige mit der Leuchte auf die Leiter. »Sicherung ist raus. So ... ächz ... Loch bohren. Dann ... ächz ... Dübel rein. Schließlich ... ächz ... Haken einschrauben. Und dann ... ächz ... aufhängen.«

Die Trollprinzessin behauptet jetzt, ich würde für diese relativ kleinen Verrichtungen übermäßig viel an »Dad Noises« absondern. »Dad Noises«, also Vatergeräusche, erfahre ich, sind diese kleine Pust- und Zischgeräusche, die Männer ausstoßen, wenn sie in den pneumatischen Lebensabschnitt eingetreten sind. Der pneumatische Lebensabschnitt ist aber nun jener, wo der Rumpf seine Haltefunktion nicht mehr mit bloßer Muskelkraft erfüllt, sondern vorher mit viel Luft aufgepumpt werden muss, die dann betätigungshalber stöhnend entweicht.

Ich war bis dato davon ausgegangen, dass meine Tochter bei den Partys mit ihren Freundinnen immer nur mit Hochachtung und Bewunderung von ihrem Vater spricht, aber diese kesse Vokabel legt nahe, dass die jungen Hühner sich da über Gebühr lustig machen und womöglich mich sogar parodieren, wie ich mich ächzend nach etwas Heruntergefallenem bücke. Also werde ich den Rest der Montage ohne das kleinste Ächzen fertigbringen, und wenn ich dabei auch rot im Gesicht anlaufe.

»Dann steckste einfach die Kabel in die Lüsterklemme und ...« Dann entweicht doch ein luftstarker Laut der Verwunderung meinen zusammengepressten Lippen.

Was ich da in den Fingern halte, ist nicht die gute alte Lüsterklemme, sondern ein neumodisches, äußerst filigranes Plastikklemmdings, von dem ich nicht die Bohne weiß, wie es funktioniert. Offenbar ist in den dreißig Jahren seit meiner letzten Leuchtenaufhängung irgendein völlig überflüssiger Innovationsprung passiert, eine weitere Verschnickschnackung der Anschlussteile, die keinen anderen Zweck hat, als väterliches Wissen und Können zu entwerten! Was war an der braven Lüsterklemme falsch? Hat sie nicht das ganze XX. Jahrhundert treu und zuverlässig ihren Dienst versehen? Konnte nicht jeder, sei er auch Tschuwasche oder Ewenke, sich ohne stundenlanges Studium von Youtube-Lehrvideos mit der simplen Lüsterklemme eine Leuchte in seiner Hütte anschließen? Aber nein, irgendwelche Patentfiffis im Verein mit der chinesischen Plastik-Spritzgussmafia haben der Leuchtenindustrie diesen undurchschaubaren Klickschnapper aufgeschwatzt.

Ich stehe auf der Leiter und meine Reputation steht auf dem Spiel. Ich popel grimmig mit dem Schraubenzieher in dem Plastikteil herum. Wahrscheinlich fragt sich die Trollprinzessin jetzt, ob es eine gute Idee war, den Vater zu bitten, bloß weil der sich bequemer bitten lässt als irgendwelche schnuckligen Kommilitonen. Ja, ich spüre geradezu, wie sie Abschied nimmt vom Vater als Kenner und Könner. Es hilft nichts. Ich muss Gebrechlichkeit vortäuschen, um den Rest meiner Kompetenz zu retten.

»Hier«, steige ich von der Leiter ab und gebe ihr das vermaledeite Kleinstteil, »steck du das mal zusammen. Meine Augen sind leider nicht mehr so gut.«

Die Rumpeldatenkammer

Ich schreibe diese Kolumne jetzt, weil ich mir das Thema der ursprünglich geplanten Kolumne irgendwo im Computer notiert habe, es aber nicht mehr weiß und auch nicht wo. Ich bin ein kompletter Computer-Messi.

Sollte jemals ein Bundestrojaner in meinen Computer einbrechen, werden die bedauernswerten Beamten, die sich so Zugang zu meiner Festplatte verschaffen, die Nase rümpfen und sehr vorsichtig einen Schritt nach dem anderen machen müssen. Hier liegt alles kreuz und quer, wenn auch als Nullen und Einsen. Man kommt überhaupt mehr nicht durch. Kaputte Dateien, halb ausgeführte Scripte, Hilfsprogramme aus Betriebssystemen, die es gar nicht mehr gibt, und Treiber von Computerspielen, die noch im Pixelmodus liefen. Ja, ich sollte sie endlich auf den Papierkorb ziehen, aber es sind mittlerweile hunderttausende.

Und irgendwie fehlte mir hier immer die Mutti, die ins Zimmer kommt und streng zu mir sagt: »Hast du deine Festplatte aufgeräumt? Ja? Dann zeig her! Was ist das hier? Ein Compuserve Starter Kit von 1993? Weg damit!« Weil mir eine solche datenausmistende Mutti fehlt, liegen auch noch Unmengen uralte Schmuddelbilder herum, die aber, wie soll ich sagen, gar keinen richtigen Effekt mehr haben. Das ist ein verblüffendes und noch nicht ausreichend erforschtes Phänomen, dass unzüchtige Bilder nach ein paar Jahrzehnten quasi wieder sauber werden und niemanden mehr oder nur noch ein Schmunzeln erregen. Vielleicht hat es damit zu tun, dass die Models von damals mittlerweile ja in echt alle Omas sind und man weiß, dass es sie in dieser prallen Form einfach nicht mehr gibt.

Noch besser sind aber meine geheimen Tagebücher, die ich in WordPerfect geschrieben habe, aber nicht mehr öffnen kann, weil ich das Passwort nicht mehr weiß, und die mich heute noch mit Dateinamen wie DieBuchidee!!.wp oder MeineGrosseLiebe.wp in den Wahnsinn treiben.

Ich habe überhaupt alles vergessen, was ich vor mehr als ein paar Jahren geschrieben habe und kann es deswegen auch gar nicht mehr suchen. Vielleicht habe ich mir schon vor vielen Jahren im Rotweindusel in einer Prenzlauer Berg-Dachkammer mit einem total intensiven Text den Nobelpreis ertippt, nur um ihn dann unauffindbar unter den Spielständen irgendeines Ballerspiels abzuspeichern. Warum also räume ich nicht endlich meine Festplatte auf? Der Grund ist, dass der Computer von außen so glatt und sauber aussieht, dass man immer vergisst, was für ein Chaos in ihm steckt.

Sichtbarer Müll stört mich schnell, vor allem, weil ich aus kreativen Gründen oft ins Leere starren muss und unwirsch werde, wenn da keine Leere ist, sondern Kram und Krempel. Aber in einem Computer mit 2 Terabyte-Festplatte kann so viel Datenkrempel rumliegen, wie er will. Das ist der Fluch der verbesserten Speichertechnik.

Als ich noch einen Urzeitcomputer samt einem Bildschirm mit grüner Leuchtschrift hatte, war jede einzelne Datei ein unglaubliches Artefakt, das ratternd auf einer 5,25-Zoll Floppy Disk abgespeichert werden musste. Die Scheibe speicherte nur 360 Kilobyte, was bedeutet, dass selbst diese kleine Kolumne nicht raufgepasst hätte. Dazu war die Floppy Disk von geradezu gallertartiger Floppigkeit und musste sehr zart im Schacht verriegelt werden, damit nix schiefging. Man musste sie gleichsam auf zwei Händen tragen und konnte sie nicht einfach irgendwo hinschmeißen, wie die Trollprinzessin vor kurzem ihr Handy, bloß weil ich ihre Unfähigkeit, fremde Leute anzurufen, kritisierte und ... ha, da ist es wieder, mein Thema! Dann eben nächsten Monat.

Stefan Schwarz @schwarzseher

Das BKA sollte auch mal veröffentlichen, wer der am wenigsten gesuchte Verbrecher Deutschlands ist.

Aufruf ja – Anruf nein!

Die Trollprinzessin hat sich per Mail um einen Studentenjob beworben, aber die Agentur hat sich nicht zurückgemeldet. »Ruf da mal an!«, sage ich. »Vielleicht ist die E-Mail im Spam gelandet!« Die Trollprinzessin meint, möglicherweise hätten die jetzt schon genug Bewerber und sie hätte sich eben zu spät beworben. »Ruf! Da! Mal! An!«, sage ich etwas breiter. »Vielleicht ist die E-Mail im Spam gelandet!« Oder, erklärt die Trollprinzessin, es hätten sich Unmengen an Bewerbern gemeldet und sie müssten erstmal alle Bewerber nach dem Alphabet sortieren und wären noch nicht bei ihrem Nachnamen angekommen. »Ruf doch einfach an!«, rolle ich meine Augäpfel einmal rund um die Achse. »Vielleicht ist die E-Mail im Spam gelandet!« Könnte aber auch sein, entgegnet die Trollprinzessin, das Projekt sei abgeblasen worden, weil sich zu wenige gemeldet hätten, und dann würde sich wahrscheinlich keiner die Mühe machen, die paar Bewerber deswegen extra anzuschreiben und so weiter.

»Was auch sein kann, ist«, sage ich, »dass die Sachbearbeiterin beim Eingang deiner Bewerbung in eine katatonische Starre verfallen ist, und jetzt schon drei Tage lang unbewegt auf deine E-Mail starrt, ohne auf den Reply-Button drücken zu können.« Und jetzt, wo die Tochter so komisch guckt, reiße ich die Arme auseinander und rufe: »Du hast einfach ein Problem, Leute anzurufen!« Während die Generation Z, oder wie sich die prä-apokalyptisch horrifizierte Jugend auch immer nennt, von Aufruf zu Aufruf zu eilt, scheut sie den Anruf wie der Windkraftmüller das Braunkohlenkraftwerk. Die Tochter »unterhält« sich sogar mit ihrer besten Freundin per Handy, in dem sie sich gegenseitig Sprachnachrichten im Minutentakt hin- und herschicken. Kinder, die in ihrem bisherigen Leben immer mehr gefragt wurden, als sie selber fragen mussten, finden das Anrufen bei Fremden, das Erkundigen, quälend bis kurz vors Trauma. Am anderen Ende mag jemand empathiearm sachlich »Ja, bitte?« sagen und dann muss man ganz ohne Girlpower-Ermutigung und Vor-Applaus sein Anliegen vortragen. Da ist es dann nicht mehr weit bis zur Vorstellung, der eigene Anruf käme dem Fremden so ungelegen wie einem selbst.

Doch das Gegenteil ist der Fall. Menschen wollen angerufen werden. Ja, je mehr Anrufe einer erhält, umso wichtiger kommt er sich vor. Alle wollen was von ihm. Nur er kann helfen. Die Trollprinzessin müsste nur ihren Bruder fragen, der im Callcenter arbeitet und den ganzen Tag vom seit fünf Minuten kaputten WLAN tollwütig gewordenen Klienten ein »Nun mal ganz ruhig! Erst mal der Reihe nach!« ins Gebrüll spricht. Danach fühlt er sich so gut, dass ihm sogar der Mindestlohn egal ist.

Hinzu kommt: Menschen wollen reden, mitteilen, einfach so frei Schnauze und nicht mühsam schriftliche Antworten formulieren. Anrufe sind kleine Überraschungen im oft allzu erwartbaren Alltag. Wenn es klingelt, fragt sich jeder, der die Nummer nicht kennt: Wer mag das sein? Eine Jungfer in Nöten oder ein Bösewicht? Es gibt ja diese Anekdote, wo der angerufene Offizier nicht glauben wollte, dass der Führer Adolf Hitler selbst am Apparat war und ihn auslachte für diesen »netten Versuch« und die gelungene Parodie, was diesen zunehmend ausrasten ließ.

Noch bevor ich aber meine Telefon-Predigt mit noch mehr Beispielen garniere, verlässt mich die Tochter mit einem patzigen »Hab's begriffen!«. Drei Minuten später höre ich sie telefonieren. Live.

Jetzt muss ich nur noch die Kraft aufbringen, nicht wie meine Mutti zu sein und sie bei der Rückkehr zu fragen: »Und? War's so schlimm?«

Stefan Schwarz @schwarzseher

Männer mit eckigen Brillen, getrimmtem Schnauzbart, kariertem Kurzarmhemd, beigefarbenen kurzen Hosen mit aufgesetzten Seitentaschen und blauen Socken in den Sandalen – welche Abenteuer erwarten euch?

Der große Knaller

Ich möchte mich an dieser Stelle bei allen Hörerinnen und Hörern und Hörpersonen des Kulturradios entschuldigen. Vielleicht hat einer von Ihnen sich den Kaffee über die Hose geschüttet oder sich vorm Schminkspiegel den Lidstrich bis ans Ohr gezuckt.

Ich hoffe sehr, dass nicht noch mehr passiert ist. Es wäre mir äußerst unangenehm, wenn zum Beispiel ein Uhrmacher, der gerade mit feiner Pinzette nach wochenlanger Höchstkonzentration das letzte Zahnrädchen in die antike Taschenuhr einsetzen wollte, durch mein Fehlverhalten sämtliche siebenhundert Einzelteile auf dem Fußboden wiedergefunden hätte.

Es ist aber nun so, dass die Tochter ausgezogen ist und ich niemanden mehr zum Reden und Beeindrucken habe außer meiner Frau. Als die Trollprinzessin noch bei uns herummuffelte und durch intensives Streaming koreanischer Fernsehshows die Datenrate unseres WLAN ins 14k-Modemhafte drosselte, so dass meine Frau bei ihren vielen Videokonferenzen immer aussah wie eine abgehackt sprechende Legofigur, da war die Welt noch in Ordnung.

Ich konnte alleweil ins Zimmer meiner Tochter treten, und ihr absonderlichste Lesefrüchte vortragen, Flachwitze ausprobieren oder sie fragen, wie schlimm peinlich sie meinen neuen seidenschwarz-neongelben Rapper-Jogginganzug findet.

Das war schön, und so konnte meine Frau in Ruhe ihr Zeug erledigen. Nun aber hat die Tochter eine eigene Wohnung und ein eigenes WLAN, und der Suchscheinwerfer meiner aufmerksamkeitsheischenden Persönlichkeit kann sich nur noch auf mein Weib richten. Dieses aber saß an jenem Morgen, da ich mit frischen Brötchen vom Bäcker kam, in der Küche und hatte ihr Handy am Ohr. Sprach in bedeutender Manier mit irgendjemandem und ignorierte mich völlig. Ich raschelte also die Brötchen aus der Tüte in den Brotkorb, was mir schon einen kritischen Blick ob des Geräusches eintrug.

Ah, dachte ich, Frau Wichtig-Popichtig hat keine Zeit, mit mir zu frühstücken, weil Freiberufler ja immer auf Arbeit sind. Und weil sie sich gerade so spreizte und »Ja, sehen Sie ...« und »Ganz genau ...« ins Telefon eiferte, ging ich langsam hinter ihr zum Abfalleimer und knüllte dabei die Papiertüte so intensiv zusammen, wie es Soundeffekt-Spezialisten machen, wenn sie das Rauschen eines tropischen Sturzregens am Mikrofon nachstellen.

Da ward das Weib boshaft und fuchtelte ganz aufgeregt und schlug sogar stumm nach mir. Na warte, dachte ich, wer immer da glaubt, mit meiner Frau in dieser Herrgottsfrühe telefonieren zu dürfen, der wird jetzt sein blaues Wunder erleben. Ich warf also die Tüte nicht weg, sondern nahm sie in die Faust, popelte mir die Öffnung mundgerecht und blies sie auf. Blies und blies, während meine Frau sich in hellem Entsetzen zu mir umwandte und wie wahnsinnig den Kopf schüttelte. Dann hob die ich pralle Tüte mit teuflischem Grinsen und zerpatschte sie mit einem großartigen Knall. Meine Frau sprang mit dem Handy aus der Küche und verschloss sich im Badezimmer. Ich überlegte noch, ob ich mit einem Strohhalm Papierkügelchen durch das Schlüsselloch schießen sollte, aber es war mir dann doch zu viel Arbeit. Beachtung und Anstrengung müssen ja auch in einem gewissen Verhältnis zueinander stehen.

Nach fünf Minuten kam die Frau quasi mit gesträubten Haaren aus dem Bad auf mich zu und fragte: »Bist? Du? Wahnsinnig?? Ich hatte gerade ein Radiointerview! Ganz Mitteldeutschland hat jetzt gehört, mit was für einem Knallkopp ich zusammenlebe!«

Ich erbleichte abrupt, und die Frau bestimmte, dass ich nur noch mit Omas altem Silastik-Netz zum Bäcker dürfe.

Stefan Schwarz @schwarzseher

Meine Frau mag es nicht, wenn ich bei Videokonferenzen langsam zwei Handpuppen hinter ihrer Schulter auftauchen lasse.

Daran könnte man sich gewöhnen!

»Ich mache mir langsam Sorgen«, meinte die Frau meines Neffen, welche ich immer als Schwippsschwägerin bezeichne, weil sie bei einem alkoholverarbeitenden Betrieb in der Qualitätskontrolle arbeitet, was ich mir als einen sehr ausgelassenen Beruf vorstelle. »Er ist jetzt schon die fünfte Woche mit Lilo in der Eingewöhnung. Was, wenn unsere Tochter nicht kitatauglich ist? Soll ich etwa bis zur Schule zu Hause bleiben?«

Ich nickte mitfühlend, weil ich ein großer Freund der ergebnisoffenen Eingewöhnung bin.

Eingewöhnung nach dem »Berliner Modell« sollte überall Pflicht sein. Nicht nur in der Kita. Gerne hätte ich meine Mutti in den ersten Wochen des Wehrdienstes mit dabei gehabt, die mich immer wieder ermuntert hätte, bei den anderen mitzutun. »Guck mal, die anderen Jungs klettern alle über die Eskaladierwand und lassen sich dabei von diesem Feldwebel anschreien! Möchtest du das auch mal probieren?«

Der Feldwebel wäre natürlich irgendwann zu mir und meiner Mutti gekommen und hätte auch mich viehisch angebrüllt, aber die Mutti hätte mir die plattgebrüllten Blondhaare zurechtgestreichelt und gesagt: »Der Stefan traut sich nicht. Er braucht noch ein bisschen Zeit! Vielleicht macht er ja nachher beim Schlammrobben mit dieser Gasmaske und dem Vollschutzanzug mit!« Ergebnisoffen, wie eine solche Eingewöhnung sein muss, hätte die Mutti nach drei Wochen zum Regimentskommandeur gesagt: »Ich glaube, das wird nix mit dem Geschieße und der ganzen Befehlerei. Der Junge kränkelt nur. Ich nehm ihn wieder mit!«

Leider gab es in meiner Jugend und Kindheit solcherart Eingewöhnung noch überhaupt nicht. Meine Mutter bog mir am ersten Tag im Kindergarten zärtlich die Arme auf, mit denen ich mich um ihren Hals geklammert hatte, ließ mich Tränenüberströmten noch mal herzhaft in ihr Taschentuch schnauben, und ging dann fröhlich zur Arbeit.

Ich stellte derweil fest, dass ich der einzige Junge in meiner Gruppe war, der noch eine Strumpfhose wie so ein Krabbelkind anhatte und saß den ganzen Tag verschnoddert und zum Sterben uncool in der Ecke. Es war nicht ganz so schlimm wie bei meiner Frau, die nur am allerersten Tag von der gelangweilten älteren Schwester zum Dorfkindergarten hinterm gruseligen Düsterwald gebracht wurde und sich anschließend immer selber durch Regenschauer und Schneegestöber dahin durchkämpfen musste. Aber sie war ja auch schon drei Jahre alt und sollte nicht verzärtelt werden. Einmal versperrte ein umgestürzter Baumstamm den Weg, aber sie hatte ihre Kindersäge dabei und ... na gut, das hab ich mir jetzt ausgedacht, aber ungefähr wars so.

Was ich eigentlich nur sagen will, ist, dass die stunden-tagewochenweise Eingewöhnung in Begleitung eines liebenden Elternteils eine tolle Sache ist, aber auch nicht überstrapaziert werden muss. Denn normalerweise sollte ein putzmunteres und selbstbewusstes Persönchen wie die kleine Lilo nach wochenlanger Obhut ihres Vaters dann doch mal eingewöhnt sein.

Ich ging also zu ihm, um ihm Mut zur Härte zu machen. »Geh einfach mal weg und du wirst sehen, dass sie sich bald wieder ihrem Spielzeug zuwendet!«, sprach ich ihn an. »Ich geh nicht weg«, sagte mein Neffe, »auch wenn Lilo schon lange mit allen anderen spielt und isst und schläft. Die haben diese Holzeisenbahn, die ich mir immer gewünscht habe, mit Container-Verladekran, Lokdrehscheibe und einem Bahnhof, wo man eigene Ansagen einsprechen kann. Ich spiel das jetzt durch und wenn das noch fünf Wochen braucht. Wozu hab ich sonst Elternzeit?«

Stefan Schwarz @schwarzseher

»Wie geht es eigentlich dem kleinen Tunte?«
Wie ich beim Gespräch mit der Mutter eines Vorschulkindes einmal nicht auf den schwedischen Namen Jonte kam.

Diesseits der Thrombosestrümpfe

Wir waren im Frühtau zu Berge, hatten Wasser und Proviant eingepackt und auch Regensachen, falls das Wetter umschlagen sollte. Ich meine ultradünne, atmungsaktive, sturmsichere Dreischichtjacke mit dem Lawinenrettungsreflektor, die so teuer war, dass Bergretter wahrscheinlich vorrangig die Jacke bergen würden und mich dazu höchstens als etwas, das sich irgendwie in dieser Jacke verfangen hat, meine Frau hingegen hatte nur eine zusammengefaltete Plastikfolie, die einen Euro gekostet hätte, wenn sie sie nicht geklaut hätte.

Wir hatten uns wie gewohnt gestritten, wo der Einstieg in diese alpinen Wanderroute beginnt, meine Frau hatte wie immer geschworen, nie wieder mit mir Starrkopf in den Urlaub zu fahren, während ich gedroht hatte, dann eben »bitteschön, wie du willst« auf der von ihr beabsichtigte Route ins Verderben zu stampfen und dort von Geröllfeldern begraben, auf Föhrenspitzen aufgespiesst und von Muren fortgerissen zu werden.

Schließlich hatten wir uns aber auf einen Weg geeinigt und waren hinangestiegen. Nach einer Stunde steilen Anstiegs bekam ich ein seelisches Formtief, weil ich – anders als es Wanderpsychologen raten – zu früh auf die Karte geguckt und festgestellt hatte, dass wir erst ein Viertel des Weges gegangen waren, obschon schon drei Viertel meiner Kraft verbraucht waren. Nach zwei Stunden verzweifelte die Frau, weil sie ihr Handy und damit ihren Schrittzähler vergessen hatte, und damit die ganze Exkursion statistisch umsonst war. Ohne Schrittzähler wandern geht gar nicht, hätte die Altkanzlerin gesagt, und ihren Gatten gnadenlos ins Tal geschickt, der natürlich doppelt sauer gewesen wäre. Dann, nach drei Stunden, standen wir endlich am Gipfelkreuz, schweißnass und glücklich, unter uns die ganze Welt, die Sonne schob sich aus den Wolken, und irgendwo ertönte sogar ein Alphorn. Perfekt.

Doch dann ertönte das Alphorn noch mal, und es klang gar nicht mehr wie ein Alphorn, sondern eher wie eine Bushupe. Wir sahen uns entsetzt um, und tatsächlich schwankte da ein vollklimatisierter Polsterbus von Enzian-Bergreisen auf einen kleinen Parkplatz hinterm Bergrücken.

Aus dem Bus quollen füllige Senioren, die mit steifen Knien ächzend nur noch eine kurze, perfid bequeme Geländertreppe zum Gipfel nahmen, um sich dort an »unserem« Gipfelkreuz zu fotografieren und in schamloser Weise den unverdienten Ausblick zu genießen. Ich kam mir, immer noch keuchend, dermaßen verarscht vor, dass ich meiner Frau spontan ein paar Thesen deklamierte: »Der Transport von Menschen an Ausblicke, an die sie aus eigener Kraft nie gekommen wären, muss endlich geächtet sein! Eine verborgene Schönheit besuchen darf nur, wer zuvor durch die Dornenhecke der physischen Qualen gegangen ist. Wie würde unser Dornröschen aussehen, wenn Busse voller fetter Prinzen durch ein Loch in der Hecke gerasselt wären und alle im Rahmen einer »Knutsch auch du das Dornröschen wach!«-Tour ihre schmalzigen Lippen auf die Rosenwangen gedrückt hätten? Wo ist die Last Generation, die sich zum Schutz der Natur vor der Entwertung durch busreisenden Kuchenpöbel auf den Asphalt klebt? Ohne den Verbrauch durch diese rollenden Thrombosestrümpfe wäre der Ölpreis längst so tief, dass Putin selbst mit dem Kanister von Haus zu Haus hökern müsste!«

Ich hatte mich so in Rage geredet, dass ich des Weges nicht länger so achtete, wie es Wanderer sollten. Ich trat auf einen Stein und knickte um. Schmerzerfüllt fiel ich zur Seite.

»Ich frag mal den Busfahrer, ob er uns mit runter nimmt!«, sagte mein Weib.

Stefan Schwarz @schwarzseher

Mir ist gerade zur Kenntnis gelangt, dass es Sport-BHs mit optimierter »Bounce Control« gibt, und ich stelle mir die Entwicklung solcher Textilien als einen sehr schönen Beruf vor.

Ein Männlein steht im Walde ...

In der Sprache der Potawatomi, eines Stammes der Algonkin, im Gebiet der Großen Seen in Nordamerika, gibt es das Wort »Puhpowee«. Es bezeichnet die Kraft, mit welcher ein Pilz über Nacht durch den Waldboden bricht und sich zu voller Größe erhebt. Dass diese urwüchsige Kraft ein eigenes Wort verdient, mag vielleicht sogar die redseligen unter den Pilzsammlern überraschen, aber man versteht es sogleich, wenn man weiß, dass die Potawatomi damit auch die nächtlichen Erhebungen des männlichen Gliedes bezeichnen. So versteckt in einer Pilz-Metapher können sich die Angehörigen des Stammes über die mehr oder weniger vorhandene Leistungsfähigkeit und Gesundheit dieses Organs unterhalten, ohne allzu explizit zu werden oder Kinder auf unziemliche Weise neugierig zu machen.

Der Pilz und das männliche Glied haben viel gemein. Wärme und Feuchtigkeit lassen sie quasi aus dem Nichts anschwellen, und besonders die *Gemeine Stinkmorchel*, lateinisch *Phallus Impudicus*, auf Deutsch also etwa »schamloser Ständer«, sieht dem männlichen Zeugungsorgan auch noch verblüffend ähnlich. So ähnlich, dass Lady Henrietta, immerhin die Tochter von Charles Darwin, als erwachsene Frau in diesen nichts anderes sehen konnte als geile Pop-Up-Schwänze im Pilzkostüm, sodass sie zur Saison in Wald und Flur eilte, dort mit aufgeblähten Nüstern nach dem aasigen Gestank dieser Penismorchel schnupperte und spähte und sie abschnitt, wo immer sie gerade aus dem Moos erigierte. Pfundweise trug sie sie im abgedeckten Korb nach Hause wie einst David die Vorhäute der Philister und verbrannte die Sinnbilder männlicher Liebeskraft höchstselbst im Kamin, denn ihre Mägde sollten mit diesen strammen Unholden nicht in Berührung kommen.

Vorgeblich ging es ihr um die Bewahrung der Unschuld jungfräulicher Waldspaziergängerinnen, aber wir gehen sicher nicht falsch, wenn wir hier behaupten, dass Lady Henrietta selbst »gefühlt« tausendmal mehr Schwänze in der Hand hielt als die fleißigsten Hafenhuren von London, wie ja sowieso Abscheu vor etwas ein unfehlbares Mittel ist, die Erregung darüber zu verdoppeln.

Dennoch ist das Potawatomi-Wort näher am Zauber der Pilze als die bloße Metapher und Gestaltähnlichkeit vermuten lassen. Ophiocordyceps sinensis, der auf den Weiden im Hochland von Tibet Raupen befällt und sie im Winterschlaf dann als Substrat für seine Fruchtkörper benutzt, hat neben dieser unschönen Eigenart auch noch einen potenten PDE-5-Hemmer im Angebot, gegen den Viagra wie ein Pfefferminzbonbon daherkommt. Stiere, die dort Gras samt Pilz gefressen haben, können länger und härter und müssen nicht alle zehn Sekunden von der Kuh absteigen und »Sorry, ich weiß auch nicht, was heute los ist!« seufzen, was ja im sauerstoffarmen Hochland noch einigermaßen verständlich wäre.

So vermehrt der chinesische Raupenpilz sich nicht nur selbst, sondern auch die Weidetiere, die dann noch mehr Weide brauchen und damit auch mehr Lebensraum für Raupen und ihre Pilze.

Da Hirten dem so plötzlich verbesserten »Puhpowee« ihrer Stiere interessiert nachforschten und schließlich selber vom Pilz naschten, um hernach mit herrlichen, aber auf der einsamen Alm völlig sinnlosen Erektionen herumzustehen, verbreitete sich Ophiocordyceps sinensis auch jenseits von Tibet und wird mittlerweile sogar in Deutschland gezüchtet.

Und vielleicht ist ja die alte deutsche Begrüßungsformel »Wie steht's?« nichts anderes als die ewig alte Frage nach dem »Puhpowee« ...

Stefan Schwarz @schwarzseher

Wegen der Autokorrektur hat die Tochter jetzt Post vom Papst bekommen. Aber es ist ein lieber Papst. Er hat nämlich mit »Dein Papst« unterschrieben.

Wie es war mit vollem Haar

Da haben wir also ein kleines Kätzchen zur Pflege und was macht es? Es pflegt und fegt die Wohnung. Natürlich nicht aus Absicht. Nein, es ist scheu und verstört ob der neuen Umgebung und ist sofort hinter den Kachelofen geflitzt. Hinter dem Kachelofen ist es staubig, weil meine prokrastinationsbedingten Putzanfälle noch nie so verzweifelt waren, dass ich mit dem Straußenfederpuschel hinter dem Kachelofen gepuschelt hätte.

Ja, ich besitze einen Straußenfederpuschel zum Abstauben und ich bin mir gar nicht mehr so sicher, ob das okay ist. Ich schreibe das hier einfach so hin, und in dreißig Jahren, wenn Straußenfederpuschel von aller Welt geächtet sind wie heute Walöl, bekommt mein Sohn Schwierigkeiten bei der Beförderung zum Staatssekretär im Umweltministerium, weil sein Vater ein durch unbedachtes Selbstzeugnis nachweislich perverser Straußenfederpuschelputzer war.

Niemand weiß, was in Zukunft pervers sein wird. Das muss man sich immer vor Augen halten, um nicht vor Zuversicht und Humanismus durchzudrehen. Jedenfalls schubbert sich jetzt das kleine Kätzchen hinterm Kachelofen den ganzen Staub ins Fell und danach wird die Kachelofenrückseite aussehen wie geleckt.

Ich überlege, ob ich das Kätzchen jetzt hervorlocke und ins andere Zimmer geleite, wo es sich nur unter der Kommode verstecken könnte, unter der ich auch sehr selten saubermache. Aber nein, das würde ja aus der Katze ein Nutztier machen, und wenn es etwas gibt, was eine Katze nicht ist, dann ein Nutztier. Ich werde also das Kätzchen lieber mit ruhiger und betonter Alltäglichkeit neugierig machen.

Zu meinem Alltag gehört auch der Mittagsschlaf und wie ich da liege, kommt das Kätzchen, ein kleiner schwarz-weißer Strolch, hinter dem Ofen hervor, springt auf den Tisch und das Schränkchen und sieht sich um. Da liegen Büroklammern und Stifte. Es tritt vorsichtig darüber hinweg. Da steht eine schmale Vase mit einer langen Rose. Es schleicht elegant drumherum. Unsere verblichene Hauskatze Minka hätte jetzt schon Polterabend gefeiert. Die hat immer alles runtergefeuert. Nichts hat sie mehr interessiert als Experimente mit der Schwerkraft. Fette Mäuse und fast schon flugunfähige Spatzen hätten neben ihr Grimassen schneiden können, wenn sie auch nur ein halbvolles Wasserglas auf dem Tisch entdeckte, war es »fällig«. (Ich vermute immer noch, dass der inkriminierte Laborunfall in Wuhan von einer ihrer Katzenschwestern im Geiste verursacht wurde.) Aber nein, dieses Kätzchen hier scheint aus einer Familie hoch manierlicher Porzellanmuseumskatzen zu stammen.

Jetzt kommt es angetapst und schnuppert so begeistert an meinem immer nur kalt gewaschenen Leib, als habe hier Patrick Süßkinds Duftmörder Grenouille aus lauter gemeuchelten Endfünfzigern eine alles betörende Altherrenwürze destilliert. Dann begibt es sich zum Kopfende und krümmt sich kuschlig um mein Haupt, als wolle es mich noch einmal fühlen lassen, wie es war mit vollem Haar. Da ruhe ich also mit einer schnurrenden Pelzmütze auf dem Kopf und finde das Kätzchen ganz famos.

Es wäre ein Leichtes, die Familie, der es gehört, zu überzeugen, dass wir es nicht wieder zurückgeben können. Dort ist es nur ein Haustier unter anderen, oft verscheucht und wenig beschmust. Ich meine sogar, meine Frau hätte der Freundin eben darum die Kätzchenpflege für die Dauer des Urlaubs angeboten. Aber nein. Ich muss hart bleiben. Ich weiß ja, wo das endet in ein paar Jahren. Mit einem Katzenaltar im Flur, samt Kerzen und schwarzer Binde überm Foto.

Stefan Schwarz @schwarzseher

Katzen vollbringen Knäueltaten.

Leider geil

Die Erderwärmung ist in aller Munde. Aber: Die Vorteile von Flutkatastrophen werden verschwiegen. So erzählte mir vor Jahren der Oberbürgermeister von Dessau, dass nach dem erfolgreich verhinderten Deichbruch an der Elbe sich bei den tapferen Sandsackschleppern und Sandsackbefüllerinnen alle Schleusen der Lust öffneten und in den nächtlichen Polderwiesen gevögelt wurde, als gäbe es kein Morgen. Und zwar durchaus unter allgemeiner Missachtung der ehelichen Schranken.

Der Liebeszauber-Effekt des Sandsackstapelns sei wohl ein offenes Geheimnis, sodass auch Männlein und Weiblein aus Bayern und Baden-Württemberg in Bussen angereist gekommen seien, um »ganz selbstlos« mitzuhelfen.

Auf meine Frage, wie er sich diesen Effekt erkläre, vermutete der Oberbürgermeister, dass das Keuchen und der Schweiß sicher gewisse Assoziationen beförderte und das Anpacken der Sandsäcke vielleicht eine Art haptische Sehnsucht erzeugt habe, selber angepackt zu werden. Und natürlich auch, dass nicht so viel gequatscht wurde. So hätten sich die Damen ein mehr an biologischen Kriterien orientiertes Urteil über die Männer erlauben können, wo diese sich sonst immer mit dummem Gerede alle Chancen verbauen würden. Den wichtigsten Input aber sah er nicht: Dass Gefahr leider geil macht.

Tatsächlich gibt es mittlerweile einen ganzen eigenen Forschungsbereich, der den Zusammenhang von Katastrophen, Gefahr und gesteigerter Libido untersucht. Die zugrunde liegende

These ist denkbar einfach: Das Hirn kann Aufregung und Erregung nicht ordentlich auseinanderhalten und schließt vom einen aufs andere.

In einer Versuchsanordnung befragten Psychologinnen der University of Texas männliche Besucher eines Vergnügungsparks, wie attraktiv sie das Foto einer bestimmten Frau fänden. Diejenigen, die nach der Achterbahnfahrt befragt wurden, fanden sie um einiges attraktiver als jene, die vor der Tour befragt wurden. Sie verwechselten ihr Herzklopfen nach der Berg- und Talfahrt mit sexuellem Interesse.

Der Harvard-Psychologe Daniel Wegner gab vor, Betrugsmechanismen beim Pokern zu untersuchen und beauftragte einander unbekannte Männer und Frauen, sich beim Kartenspiel heimlich unter dem Tisch mit den Füßen Zeichen zu geben, wogegen andere Versuchsteilnehmer ohne diesen Auftrag blieben. Die in steter Gefahr der Entdeckung miteinander füßelnden Paare fanden einander deutlich sympathischer.

Feinnervigere Künstler wussten schon immer, dass guter Sex ein möglichst dramatisches, gefahrenschwangeres Vorspiel braucht.

Von einem sogar in Hollywood arbeitenden deutschen Großschauspieler geht das Gerücht, dass er mit seiner Freundin ein lustiges wie rattenscharfes Setting ersonnen hat, in welchem die Freundin einen ahnungslosen Adepten zu sich nach Hause einlädt, ihm dort schließlich Avancen macht, ihn schon etwas in der Kleidung gelockert ins Schlafzimmer zieht, worauf der Großschauspieler »überraschend heimkehrt«, den Eindringling vom Busen seiner Freundin reißt, vermöbelt und hinauswirft, um sich dann im Vollgefühl dieser Gefahrenabwehr seiner von Freude, Scham und Heimlichkeit gleichermaßen erhitzten Freundin zu widmen.

Flutkatastrophen sind rar, schauspielerische Fähigkeiten hat nicht jeder, aber wenn Sie beim Bergwandern eine schwankende Hängebrücke sehen, lieben Sie sich erst dahinter und nicht davor.

Peppen Sie Ihr Sexlife auf! Mit Gefahr!

Stefan Schwarz @schwarzseher

Bevor ich ein neues Hörbuch einlese, erzähle ich dem rigorosen russischen Regisseur immer von meinem tollpatschigen Techtelmechtel mit der labilen Lehrlogopädin aus der fantastischen Frühförderschule in Dürrröhrsdorf-Dittersbach.

Durchs wilde Ruhrgebiet

Wenn das Navi sechzehn Mal kurz hintereinander »Fahren Sie jetzt bitte links ab!« gesagt hat, dann weiß jeder Autofahrer, dass er ein Problem hat. Vielleicht liebt es das Navi, mit unserer Route Vierecke in die Karte zu zeichnen, anstatt seine Pflicht zu tun.

Es ist Freitagnachmittag und wir wollen das Ruhrgebiet durchqueren, um nach Belgien zu gelangen. Eine Freitagnachmittagsdurchquerung des Ruhrgebietes ist etwas, was bis jetzt noch kein Mensch von klarem Verstand versucht hat. Grönland, der Südpol – das ist machbar. Grundsätzlich und in gerader Linie zu durchqueren, Proviant und Anorak vorausgesetzt. Aber das Ruhrgebiet? Dieser sich drehende Strudel aus Reihenhäuserreihen und Industriegebieten? Hier ballt und staut sich alles.

Das Ruhrgebiet ist wahrscheinlich nur deswegen so dicht besiedelt, weil es noch niemand geschafft hat, die Ausfahrt zu finden. Menschen fuhren hinein und kamen nie wieder heraus. Fuhren schließlich rechts ran, holten sich am Kiosk eine Schale Pommes rot-weiß, lernten am Stehtisch jemanden kennen, heirateten, getraut von einem Priester, der sich ebenfalls hierher verirrt hatte, zeugten Kinder, und starben, ohne je wieder einen Versuch unternommen zu haben, endlich mal aus dem Ruhrpott zu kommen. Wir aber wollen durch. Wir sind jetzt von Dortmund nach Recklinghausen über Bottrop nach Essen auf dem Weg nach Bochum, wo uns das Navi wieder nach Dortmund führen will.

Na gut, es ist ein Navigationsgerät von Volkswagen. Mit einem Navi von VW fährt man sowieso die Hälfte der Zeit »Off

Road«, weil die Straßenkarte gefühlt nur Reichsstraßen anzeigt. Ich mag das ja, weil man auf diese Weise ganz normal über eine Brücke fahren kann, während das Navi so tut, als würde man erst über eine grüne Wiese und dann quer durch einen Fluss brettern. Als führe man ein Amphibienfahrzeug.

Aber meine Frau möchte nicht weiter in Schrittgeschwindigkeit durch das Ruhrgebiet ruckeln. Sie möchte nach Belgien. »Ich frage jetzt Google Maps!«, sagt sie. Die Tochter will bei Apples Karten nachschauen. Ich fahre, bereit, zu tun, was immer mir angezeigt oder angesagt wird. »Jetzt rechts runter!«, ruft mein Weib Google Maps' Befehle. »Nein!«, kreischt die Tochter Apples Willen. »Scharf links!« Das Auto schießt wie ein Weberschiffchen durch die Fäden des Verkehrs zur nächsten Ausfahrt, nur um dann wieder wie ein wildwechselnder Rehbock zurück auf die Fahrbahn zu springen. Reifen quietschen, Hupen tröten. Schreck und Schweigen. Wir spüren, dass wir an einem gefährlichen Punkt des Hochtechnologiezeitalters angekommen sind. Welcher Künstlichen Intelligenz soll man »glauben«? Welche meint es gut mit uns? Welche kann uns wirklich retten, herauslotsen aus diesem Herumfuhrgebiet?

In düsteren Visionen entwickelt ja die Künstliche Intelligenz immer irgendwann ein Bewusstsein und beschließt, die Menschheit auszulöschen. Aber jeder, der sich ein paar Jahre mit so was wie einem Bewusstsein herumgeplagt hat, weiß, dass die KI mit ihrem Bewusstsein wahrscheinlich eher in Selbstzweifel, Tagträume, Grübeleien und ähnliche Konfusionen verfallen wird, als irgendwas auszulöschen.

Nein, die Menschheit wird im Durcheinander der sich widersprechenden Algorithmen draufgehen. So wie wir jetzt beinahe. Da sehe ich über dem Horizont die Sonne durch die Wolken blinzeln.

»Wisst ihr was?«, sage ich, immer noch vor Todesangst keuchend. »Lasst uns der untergehenden Sonne nachfahren! Die Sonne geht im Westen unter. Das ist so und das bleibt so.«

Stefan Schwarz @schwarzseher

Viele Männer werden ungewollt Schwager!

Auszugserscheinungen

Alles begann, als ich meiner Frau beim Abendbrot erzählte, dass ich demnächst einen Zahnarzttermin hätte. »Geh bitte rechtzeitig los!«, sagte meine Frau, ohne groß von ihrem Teller aufzuschauen. »Nimm die Krankenkarte mit, das Quartal ist rum! Und lass dir einen Stempel in dein Bonusheft machen!«

Nicht, dass meine Frau mich nicht schon früher hin und wieder an der kurzen Leine geführt hätte, vor allem bei öffentlichen Feiern (»Mein Mann möchte nichts mehr trinken! Mein Mann möchte jetzt gehen!«), aber in diesem Moment erkannte ich, dass meine Frau gar nicht mich oder etwaige Schusseligkeiten meinte, sondern schlicht und ergreifend Entzugserscheinungen, genauer aber »Auszugserscheinungen« hatte. Vor zwei Wochen war unsere Tochter ausgezogen, und nun hatte sie niemanden mehr, den sie bemuttern konnte. Man denkt ja immer, Kinder brauche man sich nicht abzugewöhnen, weil man sich ja auch seine Eltern nicht abgewöhnen musste, als man selber auszog, aber das stimmt nicht. Wenn man fast zwei Jahrzehnte sein Denken, Tun und Reden auf das allerliebste Töchterchen gerichtet hat, dann kann man nicht einfach von einem Tag auf den anderen damit aufhören.

»Ja, Mutti, mach ich!«, sagte ich denn auch.

Meine Frau lächelte traurig und starrte auf den Phantomteller an ihrer Seite, wo »einst« unsere Tochter gesessen hatte. »Es ist so ruhig«, sagte sie dann, und ich stimmte ihr zu. »Zu ruhig!«, ergänzte ich, und meine Frau stimmte mir ebenfalls zu.

Wenn unsere Tochter noch anwesend gewesen wäre, hätte sie gerufen: »Was ist los mit euch? Ihr könnt doch nicht einfach einer Meinung sein?«

Tatsächlich schien es so, als sei mit dem Kind auch der Streit ausgezogen. Immerhin hatten sich unsere dramatischsten Ehekonflikte stets am Wunsch entzündet, dem Kind ein Vorbild, ja ein Role Model zu sein. Oft unterbrach meine Frau meine gelehrten Vorträge bei Tisch nur, um der Tochter zu zeigen, wie eine moderne Frau mit Wichtigtuern und Oberlehrern umgeht. Ich hingegen sprach dann Widerworte von beißender Ironie, um dem Spross meiner Lenden zu beweisen, dass sich ein Mann stets gelassen seiner Haut zu wehren weiß. Drei Widerreden weiter war es dann zwar meistens mit der Gelassenheit vorbei und wir stritten uns wie die Kesselflicker, aber natürlich nur, um der Tochter zu zeigen, dass wir unsere Wut nicht ungesund anstauten, unsere Gefühle nicht unterdrückten oder um des lieben Friedens willen klein beigaben wie einst unsere Eltern, sondern herzhaft fochten für die eigene Meinung.

Selbst die Versöhnung am nächsten Tag, wenn ich mein Bettzeug von der Couch im Wohnzimmer wieder ins Schlafgemach räumte, geschah demonstrativ. Unsere Tochter sollte wissen, dass man nach einem Streit auch dann wieder zusammenfinden konnte, wenn man sich vorher mit Nutztiernamen bezeichnet hatte.

Vorbei. Das Elterntheater hatte geschlossen. Aber nicht nur das Elterntheater war zu, auch das Jugendschiedsgericht war außer Dienst. War doch unsere Tochter mit zunehmendem Alter und fortschreitender Pubertät nicht nur Publikum unserer Vorführungen, sondern auch letzte Instanz geworden. Wenn sie bei allfälligen Konflikten sprach: »Da hat Papa recht!«, war die Sache entschieden. Und auch ich wagte es nicht, einen Disput zu verlängern, in dem die Tochter bereits »Ich sehe das genauso wie Mama!« geurteilt hatte.

»Was ist, wenn wir uns nun nichts mehr zu sagen haben?«, fragte ich bang in die Stille. Meine Frau ahnte, woher die Frage kam. Unsere Freundin Steffi hatte vor gar nicht so langer Zeit zu später Stunde mit der Ehrlichkeit des fünften Rotweinglases gesagt: »Ich trenne mich von Thoralf, sobald Lara aus dem Haus ist!« Und bevor ich mich noch fragen konnte, wie man eine Ehe mit einem feststehenden Verfallsdatum führt, meinte Steffi weiter: »Ich wüsste auch gar nicht, worüber ich mit ihm noch reden sollte, außer über Lara und ihre Angelegenheiten.«

»Du könntest mit ihm darüber reden, was du alles an ihm verabscheust«, schlug ich vor, weil ich auch schon etwas angetüdelt war. »An einem Mann gibt es jeden Tag neue schlimme Seiten zu entdecken. So könnte er jeden Abend nach Hause kommen und sich fragen, was wird sie heute an mir auszusetzen haben? Ist es, wie ich mir mit der Zunge die Reste vom Rucola aus den Zahnzwischenräumen popele? Ist es, wie ich in meine Faust aufstoße, wenn ich einen Schluck Bier aus der Flasche getrunken habe? Sind es meine dachsgrauen Nasenhaare, die ich zu selten rasiere?«

Meine Frau trat mich unter dem Tisch, weil sie der Meinung war, ich würde Steffi nicht ernst nehmen, aber das tat ich. In meiner Welt ist Genervtsein für Partnerschaften weniger gefährlich als Langeweile. Meine Schwiegermutter zum Beispiel fragt jedes einzelne Mal, wenn ihr immerhin dreiundachtzigjähriger Gatte den Kaffeelöffel nach dem Umrühren nicht auf die Untertasse, sondern auf die Tischdecke legt, ob er das in diesem Leben noch mal lernt. Ich denke die Antwort zu kennen, aber für sie ist das eine spannende Frage und hält ihr Interesse am Gatten wach.

»Wir brauchen einfach Abwechslung! Urlaub!« rief ich darum. »Damit wir wieder was zu erzählen und zu diskutieren haben. Jetzt, wo kein Schulkind mehr bei uns wohnt, können wir endlich antizyklisch verreisen! Staufrei und billig! Nachsaison, wir kommen!«

Wir warfen also spontan kleines Gepäck ins Auto und fuhren in ein Kurbad am Ostseestrand. Nach einem Tag im Badeort wussten wir dann, warum die Nachsaison so billig ist. Erstens, weil in der Nachsaison gern Familien mit noch ganz, ganz kleinen Kindern den Frühstückssaal bevölkern. Kindern, die schnell anfingen zu weinen und nur sehr langsam damit aufhörten, obwohl es andersrum angenehmer gewesen wäre. Zweitens, weil im Schwimmbecken des Spa-Hotels zu jeder Zeit ein Dutzend betagter Brustschwimmer bedächtig wie Meeresschildkröten ihre Bahnen zogen, während ihr Rückenhaar wie Fadenalgen hinter ihnen her flatterte, und in den Saunen füllige Seniorinnen sich darüber unterhielten, wer aus ihrem Freundeskreis nun auch schon wieder drei Jahre tot sei. Und schließlich drittens, weil das Wetter draußen so kalt, nass und windig war, dass man sich eigentlich nur in eines der vielen Cafés flüchten konnte, wo aber schon wieder die Familien mit den schnell weinenden Kleinkindern eingetroffen waren.

Abends im Restaurant saßen wir dann mit ein paar anderen Paaren beim Kerzenschein, die aber alle so wenig sprachen, als müssten Worte extra bezahlt werden. Nachdem wir anderntags noch ein Fischbrötchen von der Promenade nicht vertragen hatten und uns für fünfzehn Euro Eintritt den Schreibtisch und das Vertiko eines hier mal gelebt habenden Lokaldichters im Heimatmuseum angesehen hatten, fuhren wir wieder nach Hause.

»Wenn das die berühmte Kinderfreiheit ist«, murrte meine Frau, »dann will ich das nicht.« »Wir dürfen nicht einfach das tun, was wir können, weil wir kein Schulkind mehr haben«, meinte ich, »wir müssen zurück zum Ursprung. Als wir noch keine

Kinder hatten, ging es bei uns laut zu, ohne dass wir uns streiten mussten.«

Meine Frau grübelte, aber nur kurz.

»Du meinst, wir sollten endlich einmal wieder richtig Radau im Bett machen? So laut, dass die Nachbarn klingeln?«

»Genau! Kannst du dich noch erinnern, wie sie geklingelt und geklopft haben, und du gerufen hast: ›Ich komme! Ich komme gleich!‹ und dann aber nicht hingegangen bist?«

Meine Frau grinste sehr breit.

»Ich bin ja auch gekommen. Nur nicht an die Tür.«

Als wir wieder zu Hause waren, saß zu unserer großen Überraschung die Tochter im Wohnzimmer und sah sich auf unserem Fernseher irgendwas auf Netflix an, weil das WLAN in ihrer Studentenbude gestört war. Die Tatsache, dass sie nicht die Wärme der einst heimatlichen Wohnung suchte, sondern uns nur noch als technischen Support benutzte, ließ den Schmerz ihres Auszugs gleich ein bisschen schwächer werden. Wir erzählten kurz vom Kurzurlaub und packten die Koffer aus.

»Wir gehen jetzt ins Bett!«, sagte ich dann zu ihr, und sie winkte knapp, ohne den Blick vom Fernseher zu wenden.

»Ja, schlaft schön!«

Ich musste deutlicher werden.

»Deine Eltern gehen jetzt ins Bett, aber sie werden nicht gleich schlafen!«

Die Tochter sah mich erschrocken an.

»Und es könnte laut werden!«

»Okay, okay, hab verstanden. Bin schon weg!«, sprang sie von der Couch, denn furchtbarer als das Wissen, die eigenen Eltern könnten »es« tun, ist die Aussicht, »es« auch noch mit anhören zu müssen. Schon war sie aus der Tür, und zum ersten Mal hatten wir die Wohnung für uns allein, ohne es zu bedauern.

Soll das ein Schwitz sein?

Wir hatten einen Hausmeister. Er war sehr dick und langsam, und wenn er keuchend die Treppe hochtappte, mochte man ihm den Arm anbieten. Sobald er die Treppe wischte, machte er Atemgeräusche, schnaufte und stöhnte, als habe man ihm unmittelbar nach einem Triathlon einen Wischmopp in die Hand gedrückt und gesagt: »Vorm Duschen machste aber noch die Treppe!«. Es hörte sich an, als würde im Hausflur ein Wal sterben. Das war nicht schön, denn wir wollen ja von Menschen umgeben sein, denen die Arbeit leicht und luftig von der Hand geht. Wir wollen keinen Hausmeister, der so arbeitet, als wäre er zu fünfundzwanzig Jahren Gebäudereinigung verurteilt worden.

Das Schlimmste aber war, dass er dabei auch noch schwitzte. Wenn er atemlos zwischen den Scheuerleisten hin und her wischte und Schweißtropfen von seiner Stirn auf die Stufen fielen, fürchtete man, die Buttersäure werde sich gleich durch das Gebälk fressen.

Ich habe noch nie einen Menschen derart schwitzen sehen. Vielleicht war er vorher Kellner in einem Vier-Sterne-Restaurant gewesen und dort gefeuert worden, weil öfter mal etwas von seiner Stirn just in dem Moment auf die geeiste Gänsestopflebermousse mit Perigórd-Trüffeln klatschte, als er sie vor den Gast stellte. Vielleicht war er nur deshalb so dick geworden, weil er die Gänsestopfleber dann selber essen musste. Wie soll man sich aber gegenüber einem so ungehemmt schwitzenden Menschen verhalten? Schwitzen ist eine der seltsamen Körperäußerungen, die irgendwo zwischen hoch akzeptabel und belästigend rangiert. Wenn meine Fitnesstrainerin im Schweiß badet, möchte man gleich mitbaden. Sie sieht verschwitzt um einiges besser aus als trocken. Das war beim Hausmeister leider nicht so. Wenn Schweiß, wie wir sagen, auf der Haut einen Film bildet, dann war es bei ihm ein Horrorfilm.

Einmal musste ich irgendwas auf seiner schmierigen Hausmeisterkladde unterschreiben, und als er mir den schweißigen Kugelschreiber reichte, geschah genau das, was ich befürchtet hatte. Ich brach vor lauter Ekel selbst in Schweiß aus. Der Kugelschreiber entglitt meinen feuchten Fingern und fiel zu Boden. Als ich ihn wieder aufgehoben hatte, sah mich der Hausmeister an und schnaufte: »Was ist los mit Ihnen? Sie schwitzen ja wie ein Schwein!« Er kramte in seiner feuchten Hosentasche und holte ein riesiges, lappenartiges Taschentuch hervor, das anscheinend noch nie eine Waschmaschine von innen gesehen hatte, und hielt es mir vors Gesicht. »Hier, wischen Sie sich mal ab!«

Ich bekam vor lauter Entsetzen kaum noch Luft. »Soll das ein Schwitz sein?«, schrie ich fast. »Ich schwitze nur, weil Sie so schwitzen! Ich bin Schweißpaniker!« Der dicke Hausmeister richtete sich empört auf. »Dafür kann ich doch nichts. Ich schwitze doch nicht mit Absicht. Ich habe Höhenangst!!«

Ich fragte ihn wassernass, ob er dafür wenigstens einen Aufschlag bekäme, denn Höhenangst und Mindestlohn wäre mir etwas zu viel Ausbeutung für das 21. Jahrhundert. Als er verneinte, fiel mir etwas ein und ich sagte: »Na gut, da gibt es jetzt eine Anzeige!« Der Hausmeister rief, ob ich ihm per Gerichtsbescheid das Schwitzen untersagen wolle, aber ich war schon weg und holte die Zeitung.

»Hier, lesen Sie mal!«, sagte ich. »Die ›Sauna am See‹ sucht einen Bademeister. Es gibt nicht viel zu tun. Bisschen wischen.

Ein Flachbau wie er eingeschössiger nicht sein könnte. Keine Treppe. Ihre Arbeitskleidung ist ein frisches Handtuch und Sie machen alle halbe Viertelstunde einen Aufguss. Schwitzen ist in der Arbeitsbeschreibung quasi enthalten. Wenn Sie es denn noch wollen ...«

Stefan Schwarz @schwarzseher

Die Zahl der Menschen, die ins Gefängnis gehen, ist nahe null. Die meisten werden gefahren.

Wir kommen zu zweit!

Das erste Mal, dass ich mit Orgasmusgerechtigkeit in Kontakt kam, war mit meiner ersten Freundin in Berlin. Wir hatten uns von einem verreisten Freund den Schlüssel zu seiner Wohnung geben lassen, weil wir beide noch kein eigenes Heim hatten und hier wie dort Eltern oder Freunde an die Tür klopften, was gemeinhin der Ausgelassenheit enge Schranken setzt.

Nun aber, ein ganzes Wochenende vor uns, in einer Wohnung mit heißer Badewanne, gut bestellter Küche und ausgeklappter Klappcouch, konnten wir loslegen wie die Irren. Beziehungsweise erstmal nur ich, denn meine Freundin horchte die ersten zwei, drei Male eher verstohlen in sich hinein, während ich gewaltig in ihr herumstümperte, wie es junge, agile, aber eben unerfahrene Männer so tun. Dann, als sie es herausgefunden hatte, legte sie beim Sex meine Hand zwischen ihre Beine, sodass sich der nötige Druck angenehmer für sie verteilte und kam binnen Minuten so heftig, dass sie mir beinahe den Kopf dabei abriss. Noch heute habe auf dem Röntgenbild Läsionen im Halswirbelbereich, die ich darauf zurückführe, aber natürlich nicht offen bekenne, denn kein Radiologe würde mir glauben. Schon aus Neid nicht.

Denn das war es, was ich fühlte. Neid. Ich hatte, wie gesagt, zwei, drei durchaus als befriedigend zu bezeichnende Höhepunkte gehabt, aber das waren kleinere Kontraktionen gewesen, einem befreienden Abhusten vergleichbar, nicht aber so eine den ganzen Leib erfassende Verzückung, der die Geliebte scheinbar bis an den Ursprung des Universums zurückzog, um sie dann wieder mit großem Hurra in die Gegenwart und zum Teil darüber hinaus zu katapultieren. Unnötig zu sagen, dass ihr Beckenboden dabei Dinge anstellte, die die Frage aufwarfen, wer hier eigentlich wen bearbeitet.

Es war grandios und natürlich bemühte ich mich fortan umso konzentrierter, auf dass ich am besten zeitgleich meine artige Vergeudung in den rauschenden Applaus ihres Beckens machte. Doch nicht immer gelang dies und es endete schließlich in etwas, dessen wir uns in den aktuellen Debatten um Orgasm Justice erinnern sollten, nämlich der Erlaubnis zu kommen. Nach Minuten verschwitzter Mühe klapste sie mir nämlich auf den nackerten Hintern und meinte freundlich: »Komm mal zum Ende! Das wird hier nichts mehr mit mir!«

Die Frage lautet doch: Darf ein Mann sich auf die angebliche Unkontrollierbarkeit seiner Erregung berufen und herausreden, wenn die Frau kurz vorm Höhepunkt stand und es nur noch eines kleinen Eifers seinerseits bedurft hätte? Oder hat er zu warten, sich zu beherrschen, bis alle Anzeichen überdeutlich den Advent des weiblichen Orgasmus verkündigen bzw. ihm endlich gnädigerweise die Lizenz zum Allein-Kommen erteilt wird? Das ist keine Petitesse, denn während wir in der Politökonomie sorgenvoll auf die Schere zwischen Arm und Reich achten, werden Ungleichgewichte im Lustgewinn noch viel zu häufig durchgewunken.

Der amerikanische Philosoph Alan Soble erklärt in seinen »Sexual Investigations«, dass ein Mann, der sich keine Mühe gibt, seiner Frau Lust zu bereiten, ethisch auch kein Recht auf einen, auch noch so durchschnittlichen, Orgasmus hat. Sicher kein Fall für die Verkehrspolizei, die den egoistischen Alleinkommer streng aus der warmen Möse winkt, bevor er noch die dritte Stufe zünden kann, aber vielleicht ein Thema für die Benimmlehre in der Jungsschule.

Die Frage »Darf ich?« gehört einfach zum guten Ton. Nicht nur am Tisch, sondern auch im Bett.

Stefan Schwarz @schwarzseher

Dieses spezielle Gefühl, wenn man in den See gepinkelt hat und drei Wellen später die Kinder neben einem rufen: »Mama, komm mal, hier ist eine ganz warme Stelle!«

Die Frau in Lieb

Die Frau ist beim Klettern von der Wand gefallen. In einem Alter, in dem andere Frauen sich mit der rosa Rüschenbadekappe zur gelenkschonenden Wassergymnastik einfinden, musste die meine noch mal ihre Skills beim ungesicherten Freiklettern aufpeppen und ist nach dem Sturz aus vier Meter Höhe »ein bisschen blöd aufgekommen«. Nichts Großes, wie sie bei der Entlassung aus der Notfallambulanz sagt. Ein paar eh überflüssige Bänder sind abgerissen, ein völlig unwichtiges Knöchelchen ist zerbrochen, zwei Zehen sind ausgerenkt. Alles im blaugrünen Bereich. Und so sieht der dicke Fuß dann auch aus. Ein halbes Jahr Krücken und Physio und dann ist alles wieder so, wie es nie mehr sein wird.

»Laut Krankenkasse habe ich Anspruch auf eine volle Pflegekraft«, tröstet mich die Frau, als ich sie mit dem Rollstuhl zum Auto rolle, »da mein Mann voll berufstätig ist.« Vielleicht hätte ich zugestimmt, wenn sie »Haushaltshilfe« gesagt hätte, aber dieses »Volle Pflegekraft voraus!« klingt mir doch zu sehr nach einem matrosenhaften Jungburschen, der meiner Frau hingebungsvoll den Fuß salbt und dabei scheu von unten aufblickt, bis die Gesalbte endlich seine Hand ergreift und in Bereiche leitet, wo es schon nicht mehr weh, sondern guttut.

»Aber geh!«, wehre ich den Vorschlag ab. »Ich bin wohl berufstätig, aber ich tätige meinen Beruf ja in Rufweite. Ruf mich also einfach, wenn du Hilfe brauchst!«

Seitdem schallt mein Vorname im Minutentakt durch die Wohnung. Denn eine Frau an Krücken ist ein dreibeiniges Wesen und hat keine Hände frei. Die Freiwerdung der Hand aber ist nach Friedrich Engels die Voraussetzung für alles Menschliche. Die Pyramiden wurden nicht mit dem Hintern zusammengeschoben und der Startknopf zum Mondflug wurde nicht mit der Nase gedrückt. Und meine Frau kann leider auch nicht mit der Tasse Kaffee zwischen den Zähnen von der Küche in ihr Zimmer humpeln.

»Danke, mein lieber, lieber Schatz!«, flötet sie mit unerhörter Süße, als ich ihn ihr bringe. »Wenn du noch ein Löffelchen Zucker holst, bin ich schon zufrieden!« Als ich mit der Zuckerdose komme, schmilzt sie mir ein Lächeln hin. »Und einen Klacks Sahne vielleicht noch?« Alle Viertelstunde werde ich nun mit Liebesgesäusel und Zärtlichkeiten überschüttet, denn Briefe sollen zur Post und Medikamente aus der Apotheke gebracht werden und das gefallene Mädchen selbst zu Orthesenanpassungen oder Lymphdrainagen.

Ich weiß gar nicht, was die Leute immer mit diesem ominösen »Gebrauchtwerden« haben. Mir gibt das nichts. Wenn ich die dankbaren Blicke meiner Frau sehe, dann sehne ich mich nach dem undankbaren Piesepampel zurück, der sie auch sein kann. Als sie mir noch die kalte Schulter zeigte statt den glühenden Fuß.

Natürlich herrscht jetzt Frieden zwischen uns, der Frieden der Dankbarkeit, dieser Sklavenspeise für Laufburschen. Ein Mann braucht aber Unfrieden, um auch mal ganz für sich sein zu können. Wie schön war es, als ich mich nach kurzen, sinnlosen Streits schmollend für Stunden an den Computer zurückziehen konnte, oder einfach auch mal dem verfluchten Schicksal eines Gatten nachsinnend am Rotwein nippen konnte, bis mir ganz tragisch war. Vorbei. Sie ist lieb. Sie ist dankbar. Es ist zum Verzweifeln. Ich habe zur Probe sogar schon mal vor ihr den Geschirrspüler anders eingeräumt, als sie es tun würde, aber sie hat es geschehen lassen. Sie hat nur ganz leicht den Kopf geschüttelt, aber gelächelt.

Nicht, dass sie unter all dem noch dement geworden ist ...

Stefan Schwarz @schwarzseher

Skelette unterhalten sich gern auf Augenhöhle.

Der Kackadu drückt sich etwas anders aus

»Wenn du in die Stadt gehst«, sagt meine Frau, »bringe bitte mal ein lustiges Kinderbuch zur Windelentwöhnung mit. Wir sind am Sonntag bei F. eingeladen und der Kleine ist doch gerade vier geworden. Sie wollen das Thema jetzt endlich angehen.« »Windelentwöhnung? Als Thema? Endlich angehen?«, rufe ich höhnisch. »Ich wurde als Einjähriger ans Tischbein gebunden, damit ich auf dem Topf sitzen blieb, bis was drin war! Und fertig!«. Meine Frau guckt mich aber nur mitleidig an. »Möchtest du mit jemandem darüber reden?« Nein, ich möchte nicht darüber reden. Haben meine Eltern schon ausgiebig getan. Ich glaube, fast jede meiner Freundinnen hat beim ersten Frühstück in meinem Elternhaus diese putzige Geschichte mit aufgetischt bekommen, wie ich immer mit nacktem Popo weggerannt bin vom Pott, bis meine Mutter zum Bademantelgürtel griff.

Ich weiß nicht, warum sie das tat. Jedenfalls hatte ich danach nie mehr Lust, meinen Gespielinnen irgendwelche Fesselspiele vorzuschlagen.

Im Buchladen druckse ich ein bisschen herum, spreche von »Sauberkeitserziehung«, aber wahrscheinlich heißt das nicht mehr so. »Ach, Sie meinen Kackabücher!«, fällt endlich der Groschen bei der Buchhändlerin. Sie führt mich ans Regal. Wie ich jetzt sehen kann, handelt es sich um eine eigene Literaturgattung. Offenbar gibt es eine Reihe von Kollegen aus der Kinderbuchbranche, die mit dem großen Geschäft große Geschäfte machen. »Wie wäre es mit ›Furzipups, der Knatterdrache‹? Mit extra Furzknopf! Dann der ›Kleine König Kacka‹. Oder hier! ›Prinzessin Zuckerpups‹ oder ›Die Pups-Prinzessin‹. Da kann man sogar dran riechen!« Sie hält es mir hin. Ich möchte aber lieber nicht. »Haben Sie auch nicht-monarchistische Defäkationsliteratur für Kinder?« Sie staunt erheitert, aber ich meine es durchaus ernst. Bei Rosa und Blau sind ja alle völlig von der Geschlechterrolle, oder wenn Figuren, die andersrum Regen heißen, auch nur als historisches Zitat vorkommen, wird sofort Alarm gerufen, aber leistungsfreies Einzelherrscher-Personal wird hier im Vorlesealter zur Identifikation durchgewunken.

Ich setze mein Frank-Walter-Steinmeier-Gesicht auf und schaue ihr tief in die Augen. »Gute Frau! Wir brauchen Kinder, denen die Demokratie nicht Wurst ist. Vom mündigen Stuhlgang bis zum Urnengang ist es ja heute nicht mehr weit. Denken Sie nur einmal an die anhaltende Diskussion um die Senkung des Wahlalters auf sechzehn, vielleicht bald vierzehn Jahre, und wer weiß, wo es endet.« Die Buchhändlerin guckt nun doch etwas verunsichert. Nicht, dass ich am Ende kein handelsüblicher Irrer bin, sondern Vorbote einer neuen prinzessinnenkritischen Bewegung, die ihr bald den Laden einsprüht.

»Wir führen aber auch ausscheidungsermutigende Bücher mit Tieren! Falls Ihnen das lieber ist«, fällt ihr erleichtert ein. »Zum Beispiel ›Das Alpaka muss Kacka‹ oder ›Zeig mal, sagt die kleine Maus, was kommt denn bei dir hinten raus‹. Oder auch ganz neutral Sachliches wie ›Die Kackwurstfabrik‹.«

Unwillig ziehe ich Luft zwischen die Zähne und wackele mit dem Kopf. Es sind drei Dutzend Bücher. Wie soll man sich da entscheiden? Was es bräuchte, wäre ein Marcel Reich-Ranicki des Kackbuch-Kanons. Jemand, der im »Literarischen Kindergarten« das neue Buch von Juli Zeh »Unter Hintern« vor sich auf den Tisch wirft und ruft: »Diese Frrrau hat keine Ahnung, wie Kinderr sich auf dem Töpfchen ausdrrücken!«

Ich äuge verdrießlich aufs Regal. Dann sage ich: »Ich muss mal eine Weile in Ruhe darüber nachdenken. Haben Sie hier irgendwo eine Kundentoilette?«

Stefan Schwarz @schwarzseher

***After Show Party.
Oder wie Proktologen sagen: Sprechstunde***

Peak Knutsch

Vor vielen Jahren und noch mehr Haaren lag der Endunterzeichnende in einer Kuhle am Strand der Ostseeküste und küsste. Es war die Liebste, die er küsste und es war, als ob er's müsste. Kein Wasserball, kein Wellenbad, kein Frisbeescheibenwurf konnte die Küssenden von ihrem Küssen fortlocken. Nicht mal, wenn das niedlichste Ringelzopfmägdelein aller Zeiten zu ihnen gekommen wäre, um mit ihnen eine Kleckerburg zu bauen, ein Ringelzopfmägdelein so niedlich, dass es zweistellige Tarifabschlüsse und dreistellige Einmalzahlungen mit einem bloßen Augenaufschlag hätte erblinkern können, nein, um nichts in der Welt hätten die im Kuss Versunkenen davon abgelassen. Und wenn wir fertig geküsst hatten, holten wir einmal tief Luft und küssten weiter. Einfach wegen Liebe.

Und selbst, als die unerbittlichen Forderungen des Tages uns schließlich in verschiedene Richtungen zogen, waren es die Münder, die sich zögerlich als letzte trennten. Von heute aus gesehen war das der Peak Knutsch.

Denn danach ging es abwärts, und zwar rasant. Der Niedergang des wilden Knutschens im Lebensverlauf ist ein großes Rätsel. Natürlich muss die orale Leidenschaft Verliebter auf ein weniger offensichtliches Maß geschrumpft werden, um in einer Welt voller Singles und emotional abgehängter Partner nicht den gefährlichen Neid seiner Umgebung auf sich zu ziehen. Auch Gewöhnung macht die Knutscher kürzer. Nachwuchs erscheint und will nicht verstört werden, denn kein Spross kann es verstehen, wenn seine Eltern sich anders küssen als ihn. Auch will kein Elternteil riskieren, dass das unschuldig nachahmende Kind der Kita-Tante zum Abschied die Zunge in den Hals steckt. Also beschränkt man sich auf das elende Spitzküsschen, eine allerkürzeste Berührung der Lippen, nicht viel mehr als der Totmannknopf des Ehe-Expresses (»Wenn Sie noch am Lieben sind, geben Sie bitte ein kurzes Zeichen!«). Schließlich wird diese Notlösung zur Regel, selbst, wenn Umwelt und Nachwuchs nicht anwesend sind, und dann gibt es zur guten Nacht auch nur noch Spitzküsschen, als lägen nicht Liebende im Bett nebeneinander, sondern Ursula von der Leyen und der NATO-Generalsekretär. Dann ist es nicht mehr weit bis zum großelterlichen Wangenschmatzer, mit dem sich alte Paare vor der Welt als gute Kumpel präsentieren.

So blieb ich eines Tages vor einer historischen Dokumentation im Fernsehen sitzen, nur um sehnsüchtig zuzusehen, wie sich kommunistische Parteichefs anno dunnemals im Bruderkuss aneinander saugten wie Panzerwelse an die Aquarienscheiben.

Ich fragte mich, was uns das Knutschen verloren gehen ließ. War es das immer beliebter werdende Kochen mit dem blutverdünnenden Knoblauch, das zunehmend drahtiger werdende Barthaar des älteren Mannes, oder uneingestandener Respekt vor der etwas blumigeren Mundflora nach allerlei Wurzelbehandlungen und Dreizahnbrücken auf dieser und jener Seite der Küssenden? Oder waren das nicht alles Pillepalle-Gründe, die mangelnde Betätigung als Altersgebrechen ausgaben?

Deswegen sagte ich dem Weib, dass ich zum Hochzeitstag eine Reise in unsere Vergangenheit an der Ostseeküste geplant hätte. Selbe Stelle, selbe Welle, neue Kuhle. »Wir können uns aber mittlerweile auch einen Strandkorb leisten«, meinte die

Frau. »Nein«, sagte ich bestimmt, »ich grabe uns eine Kuhle und wir knutschen wie damals!« »Schatz, wir sind nicht mehr dieselben«, zog mich das Weib zu sich, »so große Kuhlen verstoßen bestimmt gegen den Küstenschutz!«

Und knutschte mich fast wie ehedem.

Stefan Schwarz @schwarzseher

Ich bin jetzt in einem Alter, wo man beim Wort »Standhilfe« nicht mehr automatisch an einen Töpfermarkt denkt.

Wir brüten!

Im Teich im Auenwald brütet ein Schwanenpärchen. Schwäne sind eindrucksvolle Tiere. Sie sind schneeweiß und bleiben schneeweiß, egal, in was für einer schlammigen Brühe sie herumgründeln. Jeglicher Schmutz perlt an ihnen ab. Auch in übertragenem Sinn. Schwäne sind treu. Ein Leben lang bleiben sie zusammen. Hat vielleicht damit zu tun, dass sie alle gleich aussehen. Da ist wenig Chance auf Verbesserung. »Kennste eine, kennste alle!«, sagt sich der Jungschwan und schnappt sich die Nächstbeste. Es ist wahrscheinlich genetisch. Ein Treue-Gen. Wenn das mal in den sattsam bekannten »US-amerikanischen Laboren« isoliert und auf den Menschen übertragen wird, haben sich neun Zehntel der modernen Literatur erledigt und drei Viertel des gesamten Kapitalismus gleich dazu. Der Kapitalismus lebt schließlich von der ständigen Infragestellung des Individuums und seiner Beziehungen.

Was er gar nicht haben kann, ist Zufriedenheit. Der Schwan ist daher ein schneeweiß leuchtendes Vorbild, wie man das Schweinesystem überwinden kann. Durch tiefenentspannte Monogamie. Ein Schwan versucht nie, sich selbst oder seine Ehe zu ergründeln, sondern immer nur die Uferzone. Dort haben die Schwäne denn auch heuer (Dieses Wort ist für dich, liebe Omi!) ihr Nest gebaut. Und unweit von diesem befindet sich ein Schild an einem Baum mit der Aufschrift: »Wir brüten!« Dazu muss gesagt werden: Schwäne können nicht schreiben. Das können nur Menschen. Korrekt wäre das Schild nur, wenn es

Mensch und Schwan bei gemeinsamem Tun beschriebe, wenn also hin und wieder ein dicker Mann in einer braunen Kordhose mit seinem weichen Hintern vorsichtig auf den Schwaneneiern hocken würde, damit die Schwänin im Teich ihre Kreise drehen oder Grünzeug schnäbeln kann. Dem ist aber nicht so. Nur die Schwänin brütet.

Nein, hier kam ein Mensch vorbei, sah das Nest und dachte, ich muss alle anderen Menschen schriftlich um Achtsamkeit bitten, denn so achtsam wie ich sind ja wohl die wenigsten. Womöglich kommt ein Unhold mit einem Köter vorbei und der platscht ins Wasser und dann erschrickt die Schwänin.

Da denkt also die eigene Zartheit sich eine zarte Welt herbei. (In Wirklichkeit enden Begegnungen zwischen Hunden und Schwänen oft zuungunsten ersterer, da sich selbst korpulentere Hunde unverzüglich in Flughunde verwandeln, wenn sie ein Schwanenflügelschlag trifft.) Nie denkt ein solcher Mensch: Wenn die Schwäne hier ihr Nest bauen, werden sie sich schon was dabei gedacht haben. Die Schwäne sind ja schon länger hier und schließlich nicht blöd, was bei mir allerdings sein könnte. Aber egal. Empathie ist heutzutage das absolute Must-have. Wenn man es sich nicht strikt verbittet, fühlen sich Empathen sofort in irgendwen oder irgendwas ein. Auch in Blumen. »Bitte gießt uns!« stand auf einem Pappschild, das jemand in der Nachbarschaft in eine mit Blumen bepflanzten Baumscheibe gesteckt hat. Der Pappschild-Bastler hätte natürlich auch das Pappschild lassen und die Pflanzen einfach still und heimlich gießen können, aber das kickt nicht so.

Manchmal fühlen sich Menschen sogar in unbelebte Dinge ein, wenn sie auf staubige Autos mit dem Finger »Wasch mich!« schreiben, obwohl das das Letzte ist, was Autos denken würden, wenn sie es könnten. Reifendruck, Öl und Rost stehen weit höher in ihrer Liste. Daran kann man erkennen, dass der Empath immer nur seine eigenen faden Prioritäten in den Anderen hineinfühlt, ja hineinwühlt.

Und sagen Sie jetzt bitte nichts. Ich weiß, wie Sie sich gerade fühlen.

Der gebrauchte Mann

Mitte der Neunziger rief mich eines sommerlichen Tages ein Freund an und bat mich um einen Gefallen. Dieser wäre etwas delikat und benötige schauspielerisches Talent, das ich freilich hätte. Eine Freundin von ihm wäre in Not, würde von einem Kollegen mit unerwünschten Aufmerksamkeiten und Einladungen behelligt und könne sich dieser nicht erwehren, weil der Kollege auf allen diesbezüglichen Ohren taub sei.

Ich zog also meine Rockerlederhose an, setzte meine verspiegelte Sonnenbrille auf und ging ins angezeigte Büro. Suchte die Angegebene, welche in mein Tun eingeweiht war, ging auf sie zu und schmatzte sie derb auf die Wange, wie man das eben so tut, wenn man der Freund von einer ist und im Knast lange auf so Schmusezeug verzichten musste. Dann erzählte ich noch hörbar von Micki und Atze, die ihre Schulden nicht bezahlt hätten, was ich aber demnächst zu klären gedenke. Dazu machte ich einen ausgedachten Schnalzlaut, der entweder das Aufklappen eines Klappmessers oder das Brechen eines Genicks verlautbildlichen sollte.

Obwohl nur Menschen, die im Kasperletheater glauben, dass das Krokodil den Pfannkuchen wirklich gefressen hat, davon beeindruckt sein konnten, stellte der Kollege unverzüglich seine Aufdringlichkeiten ein. Ich hingegen durfte zur Belohnung mit der Bedrängten Kaffee trinken und sie fand mich insgesamt auch für andere Zwecke geeignet. Wenige Jahre später wurden wir ein Paar. Und wenn ich mir auch nicht immer gleichbleibend sicher bin, ob meine Frau mich so abgöttisch liebt, wie es meine Mutti für erforderlich hielt, weiß ich doch seit unserem ersten kleinen Theater, dass sie mich dringend braucht. Wie gestern Mittag, als sie mit dem Handy am Ohr und die schönen braunen Augen rollend über ein nicht beendbares Telefonat in mein Zimmer kam und mir einen Zettel hinlegte, auf dem stand: »Ruf mal sofort auf dem Festnetz an!«

Ich tat wie geheißen und meine Frau konnte endlich »Oh, da muss ich rangehen! Wir können ja später nochmal ...« auflegen. Unzählig die Anlässe, wo meine Frau erklärt, dass sie selbst ja sehr gern, aber ihr Mann a) sich als Katholik leider weigere, Swingerklubs zu besuchen oder b) als Autorennsportler sich gegen Autobahnblockaden sträube oder c) sich ein gemeinsamer Pärchenurlaub auf Barbados Gott sei's geklagt verbiete, weil ihr Mann dort per Haftbefehl gesucht würde, was aber eine lange Geschichte sei. Oder wie jetzt. »Du bist krank und schwach«, sagt meine Frau, die sie sich im grellen Licht ihres Schminkspiegels zu pastellfarbener Jugend pinselt. Die meisten Männer würden auf so eine Ansage sicher ungehalten reagieren, aber ich antworte frisch heraus: »Absolut!« Denn wir wollen auf einen Geburtstag gehen, der – obgleich sozial erforderlich – einen eklatanten Amüsemangel erwarten lässt.

»So gegen zehn, halb elf gucke ich dich mal an und frage dich: ›Ist alles in Ordnung?‹«, erklärt sie weiter, »und dann guckst du bitte leidend und sagst: ›Geht schon!‹ So wahrst du deine Männlichkeit, aber ich bestehe darauf, dass wir heimgehen, weil du immer noch sehr schwach bist.«

Ich schlage vor, zu kollabieren, weil ja auch das Vollweib Veronika anwesend sein wird und ich schon immer mal legitimerweise in diese Fülle sinken wollte, aber meine Frau ist dagegen. »Du kollabierst nicht sehr glaubhaft«, sagt sie, »und es sind ja auch zwei Ärzte anwesend, die dann deinen Sportpuls messen würden.«

Schade, aber happy wife, happy life.

Und dass du mir seit exakt zwanzig Jahren Anlass gibst, diese Kolumne zu schreiben, dafür liebe ich dich, mein Schatz, mehr, als du mich brauchst.

Stefan Schwarz und seine Kolumne finden Sie nach wie vor Monat für Monat in

DAS MAGAZIN

WWW.DASMAGAZIN.DE